Casual HOME PARTY

簡単なのに、新しい。
集まりたくなる

カジュアルホムパ

上田淳子

はじめに

「おもてなし」と聞くと、たくさんの準備にお料理、スタイリングを
しなければならない……ハードルの高いもの、
と感じるかたも少なくないかもしれません。
たしかに、おもてなしの伝統的な作法を学び出すと、
「料理の順番や組み合わせ」、「ホストとして用意するべきもの」、
「スタイリングのノウハウ」と、本来とても難しいもの。

でも、ここ数年「コロナ禍」を乗り越えた私たちは
「おうちの楽しみ方」を覚え、「集まることの幸せ」を再確認し、
より、気軽に「宅飲み」を楽しむライフスタイルに
シフトしたんじゃないかなと、感じるのです。
私自身が、好きな人や家族とワイワイ飲み交わす時間を
とても楽しく、感謝する日々です。

だから、今伝えたいのは「おもてなしのルール」でなく、楽しむ方法！
その方法のひとつとして、簡単だけど見栄えがして、新しく、
おいしい料理が何より大事だと思い、レシピを考えました。
和洋中エスニックのテーブルが作れて、組み合わせかたも自由でOK！

テイストの違う料理を組み合わせても、味のマリアージュがおいしい、
と感じてもらえるよう、創意工夫しました。
平日や時間のないときは、市販のサラダに簡単な2品の手料理でも
十分にいいと思っています。「持ちよりしよう」とみんなに声をかけても
楽しいです。もちろん、がんばってたくさん作っても！
この本を通して伝えたいこと、それは、とにかくあなた自身が、
大好きな人との時間を楽しむことを大切にしてほしい、ということ。

上田淳子

contents

p.2 はじめに
p.4 この本のお約束

p.6 カジュアルに楽しいパーティーを!
p.8 「カジュアルなおもてなし」で使える
ちょっとした準備とコツ

p.24 〔 column 〕手間ゼロプレート

PART 1

たった2つの食材で
新しいマリアージュ

意外な組み合わせを愉しむ

p.12 □ 塩バター×羊羹 タルティーヌ
□ バター×からすみ タルティーヌ
□ 韓国のり×モッツァレラ オリーブオイルあえ
□ ベーコン×干し柿 ピンチョス
p.14 □ ぶり×ナッツのバルサミコカルパッチョ
□ 白身魚×キウイ セビッチェ
□ いちご×白あえ
p.16 □ 熱々白菜ステーキ×ブルーチーズソース
□ さば缶×クリームチーズ 黒七味ディップ
□ なす×バジル炒め
□ えびときゅうりの花椒炒め
p.20 □ チキンとカリフラワーのサブジ
□ まぐろ刺身のユッケ
□ コチュウフマヨ
□ 焼きいも×ギリシャヨーグルト
粒マスタードサラダ

PART 2

年中呼びたい
定番ホムパ 新常識

すしの日

p.28 □ 玄米すし飯・すし飯
□ 豚肉の甘辛炒めしょうが風味

二度うまタコパ

p.32 □ 大阪風たこ焼き
□ 明石風たこ焼き(玉子焼き)
□ アヒージョ

メキシカン タコスパ

p.36 □ チリビーンズ
□ チキンファヒータ
□ ワカモレ
□ トルティーヤ

韓国の辛い鍋パ

p.40 □ パンチャン
□ 香り野菜のチヂミ
□ カムジャタン

海鮮イタリアントマト鍋パ

p.44 □ 魚介のトマトバジル鍋
□ 紫キャベツのコールスロー
□ フルーツカプレーゼ

行楽飲み会

p.48 □ 鶏の唐揚げ
□ うなぎごはん
□ れんこんのたらこマリネ
□ ミックスビーンズのマリネ
□ キャロットラペ
□ スナップえんどうと
アスパラガスのオイルあえ

この本のお約束
● 小さじ1は5㎖、大さじ1は15㎖、1カップは200㎖です。 ● ごく少量の調味料の分量は「少々」または「ひとつまみ」としています。「少々」は親指と人差し指でつまんだ分量で、「ひとつまみ」は親指と人差し指、中指でつまんだ分量になります。「適量」はちょうどよい分量、「適宜」は好みで入れなくてもよいということです。 ● 野菜類は特に指定のない場合は、洗う、むくなどの作業を済ませてからの手順です。特に指示のない場合は、その作業をしてから調理してください。 ● 調味料類は特に指定していない場合は、塩は天然塩を使用しています。細かい塩を使用する場合は、少し控えめの分量にしてください。

PART 3

組み合わせ自在!
選べるホムパメニュー

冷たい前菜

p.56　□ 豚しゃぶのヤムウンセン
　　　□ かつおの生春巻きこしょうまみれ
　　　□ タブレ風ライスサラダ
　　　□ しっとりよだれ鶏

温かい前菜

p.60　□ かぶのエチュベ
　　　□ ねぎのエチュベ
　　　□ いろいろ貝のワイン蒸し
p.64　□ えびとパクチーのぷりぷり水餃子
　　　□ ローズマリー風味のフィッシュアンドチップス

フライパンひとつで

p.68　□ タリアータ
　　　□ サーモンのソテーディルヨーグルトソース
　　　□ ぶりの照り焼き五香粉風味
p.72　□ ラムのクミン炒め
　　　□ サモサ風ポテトとひき肉のクミン春巻き
　　　□ 牡蠣のジューシー春巻き
　　　□ さばの竜田揚げ花椒まぶし

オーブンまかせ

p.76　□ ローストチキン 根菜スタッフ
　　　□ サーモンきのこパイ
p.80　□ ゆで卵とほうれんそうの
　　　　カレークリームグラタン

煮込み

p.81　□ 白いストロガノフ
p.84　□ ディルのきいたアクアパッツァ
　　　□ バジルのきいたミートボールのトマト煮
p.88　□ チュクミサムギョプサル＋ポックンパ
　　　□ ウーロン煮豚のスパイスじょうゆ漬け
　　　□ 鶏肉のカチャトーラ

シメ麺

p.92　□ 酔っ払いのジェノベーゼパスタ
　　　□ ボブン風ビーフン
p.96　□ にらミントあえ麺

シメ飯

p.97　□ 牡蠣とねぎみその鍋炊きごはん
p.98　□ さわらと三つ葉のピラフ
　　　□ 最も簡単なビリヤニ

［ シーン別 ］
料理の組み合わせコーデ

2品で平日おもてなし

p.100　□ 買ってきたチーズ、フルーツ、パン
　　　 □ タリアータ　□ ジェノベーゼパスタ

中華×ワインの日

p.102　□ なす×バジル炒め　□ えびときゅうりの花椒炒め
　　　 □ 春巻き　□ にらミントあえ麺

洋食気分の日

p.104　□ チーズプレート　□ 白身魚×キウイ セビッチェ
　　　 □ 貝のワイン蒸し　□ 白いストロガノフ

日本酒を開ける会

p.106　□ 焼きいも×ギリシャヨーグルト粒マスタードサラダ
　　　 □ ベーコン×干し柿 ピンチョス
　　　 □ さば缶×クリームチーズ 黒七味ディップ
　　　 □ 牡蠣とねぎみその鍋炊きごはん

二次会でちょい宅飲み

p.107　□ 韓国のり×モッツァレラオリーブオイルあえ
　　　 □ バター×羊羹・からすみ　□ いちご

クリスマステーブル

p.108　□ エチュベ　□ フルーツカプレーゼ
　　　 □ チキン　□ カルパッチョ

---

p.110　［ 実践編 ］おもてなしのコツ

カジュアルに
楽しい
パーティーを！

取り皿やグラスは不揃いでもOK！
ワインやお酒は、お店で飲むよりワンランク上のものを
楽しめるのが、ホムパの特権。
料理もがんばりすぎないレシピでいいんです。
簡単だけど、必ず喜ばれる華やかなメニュー、
ちょっとした食材の組み合わせの
アイディアをご提案いたします。

Have a casual & fun party!

1 無理しない

たくさんのごちそうのプランを考え、買い出しをして、掃除や調理をして…など、朝から晩まで、ずっとバタバタしてしまい、終わったあとはクタクタ…！ そうならないよう、大前提は無理をしないこと！ ホスト側が気楽なホムパがいちばん。

2 自分も楽しむ

一日中キッチンから離れられず、みんなと楽しい時間を共有できなかったという経験はありませんか？ ちょっとだけ仕込んで、当日はパパッと仕上げるだけでOKなメニューや、超即席のものもあり。自分も楽しむことを忘れないで。

3 持ちよりもOK

ちょっとした前菜やフルーツ、重たい飲み物などは素直にゲストに頼るのもあり。どのくらい準備できるかを考え、割りきって相談してみましょう。はじめから持ちよりにするのもあり、買い出しを少し手伝ってもらうのもありです。

「カジュアルなおもてなし」で使える ちょっとした準備とコツ

手軽に紙ナプキンを活用
手や口をふくだけでなく、カトラリーの下に敷くなどするとテーブルが華やかに。グラスに立てたり、取り皿にのせても。

サイズ違いの楕円の器があると便利
オーバル皿って、なんとなく盛り付けが様になるんですよね。数枚持っていると便利。小さいサイズは取り皿としても。

笹の葉や懐紙で特別感アップ
和のおもてなしをこの1枚でワンランクアップ。魚やおすしなどの下に笹の葉、揚げ物の下に懐紙を敷くだけで特別感が増します。

形違いのグラスで全然OK
ワイングラスやシャンパングラスなどは脚のないものでも、不揃いでもOK！ 形違いのグラスはまとめておくのも楽しい。

カジュアル＝手抜き、ではなく、
こなれ感のあるテーブルを作りましょう。
ちょっとした小物やカトラリー、グラスなどのアイディアを取り入れて。

カトラリーはフリースタイルで
人数が多いときなどはグラスやトレーにまとめておいて、フリースタイルにしても。使いたいときに使えてゲストも気楽です。

和皿はこなれ感アップ
和柄の皿や焼きものの皿は、和食はもちろん和食以外を盛っても様になります。中華やちょっとした前菜にたまに使うと◎。

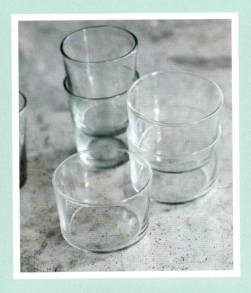

スタックできる万能グラスが便利
まずは水、お茶、ビール、ワイン、焼酎など、万能に使えるグラスがおすすめ。テーブルが狭い場合はスタックできるとなおよし。

お猪口は籠にまとめて楽ちん＆店っぽく
お猪口は籠にひとまとめにして、ゲストに選んでもらっても。お店っぽいおもてなしに見えて手抜きもできちゃいます。

PART 1

たった2つの
食材で
新しいマリアージュ

ちょっと意外な2つの食材の組み合わせをご提案します。

新しいマリアージュを口に入れると、ゲストの楽しさも増すはず。

調理法は極めて簡単。これがスターターのポイントです。

お酒とのペアリングも楽しむことができるおつまみ。

PART 1 ──── たった2つの食材で新しいマリアージュ

意外な組み合わせを愉しむ

001
バターのコク×あんこの甘みの間違いない組み合わせ。粒塩がアクセント

**塩バター×羊羹
タルティーヌ**

材料と作り方〔3個分〕
1 **無塩バター適量**は適度な厚さに切り、冷蔵庫で冷やしておく。
2 **バゲット（薄切り）3枚**に*1*をのせ、薄切りにした**羊羹3枚**を1枚ずつのせる。仕上げに**粒塩少々**をかける。

002
ねっとりとした舌触りで濃厚なからすみに、マイルドなバターを組み合わせて！

**バター×からすみ
タルティーヌ**

材料と作り方〔3個分〕
1 **無塩バター適量**は適度な厚さに切り、冷蔵庫で冷やしておく。
2 **バゲット（薄切り）3枚**に*1*をのせ、**からすみ（薄切り）6枚**を2枚ずつのせる。

001
塩バター×羊羹
タルティーヌ

002
バター×からすみ
タルティーヌ

思いつかないような食材の掛け合わせで、
意外なおいしさに出会えることがあります。
これがホムパの面白さ。合わせるだけで調理はシンプル！
それでもひと工夫ある料理に見えます。

003 韓国のり×モッツァレラ オリーブオイルあえ

もちもちと淡白なモッツァレラチーズに
韓国のりの塩けがよく合います

材料と作り方〔2〜3人分〕

1. 韓国のり4〜5枚は小さくちぎる（または韓国のりのフレークを使うと◎）。モッツァレラ1個は表面の水分をキッチンペーパーでふきとり、食べやすくちぎる。
2. 器に1を入れ、塩少々を振って軽くまぜ、**オリーブオイル大さじ½**をかける。

004 ベーコン×干し柿 ピンチョス

濃厚な甘みの干し柿にベーコンの旨みが
たっぷりしみ込む背徳的なおいしさ

材料と作り方〔2〜3人分〕

1. ベーコン（薄めのもの）5枚は半分に切る。干し柿2個程度は巻きやすいように棒状に切る。
2. 干し柿をベーコンで巻き、巻き終わりにつまようじを刺す。
3. フライパンに2を並べ、中火にかける。時々動かしながら、ベーコンをこんがり焼く。

Memo 干し柿の代わりに、デーツ、干しいも、プルーンなどでも。

Memo かける油は、ごま油でも美味。

003 韓国のり×モッツァレラ オリーブオイルあえ

004 ベーコン×干し柿 ピンチョス

PART 1 ── たった2つの食材で新しいマリアージュ

005

甘酸っぱいバルサミコ酢とぶりの相性のよさを
味わって。ナッツをアクセントに

ぶり×ナッツの
バルサミコカルパッチョ

Memo
ぶり特有の臭みをとるために、塩を
振って余分な水分を出してしっかり
ふきとっておくこと。このひと手間だ
けはきちんと。

材料〔2〜3人分〕
ぶり（刺身用）… 150g
ミックスナッツ（粗く刻んだもの）
　　… 大さじ2
バルサミコ酢 … 大さじ½
オリーブオイル … 大さじ½
塩 … ふたつまみ

作り方
1　ぶりに塩をかけて指先でなじませ、5分ほどおく。キッ
チンペーパーに並べ、上からもキッチンペーパーで押
さえて出てきた水分をとる。
2　ぶりを器に並べ、バルサミコ酢とオリーブオイルをまぜ
てかけ、ナッツを散らす。

006

とろりとした鯛にキウイの酸味がアクセント！
パクチーとライムで爽やかに

白身魚×キウイ セビッチェ

Memo
紫玉ねぎでなく玉ねぎを使用する場
合、水に10分さらして揉んでしぼり
ます。ライムはなければレモン汁でも。
青唐辛子は一味唐辛子でも。

材料〔2〜3人分〕
鯛（刺身用）… 100g
キウイフルーツ … 1個
紫玉ねぎ … 30g
パクチー … 小1株程度
青唐辛子（生）… 5mm程度
ライム果汁 … 大さじ½
塩、こしょう … 各少々

作り方
1　鯛に塩しっかりひとつまみ（分量外）を全体に振って指
先でなじませ、5分ほどおく。キッチンペーパーに並べ、
上からもキッチンペーパーで押さえて出てきた水分をと
る。
2　キウイは皮をむき、小さめの乱切りにする。紫玉ねぎ
はごく薄切りにし、水の中で軽く揉み、ぎゅっとしぼる。
パクチーはざく切り、青唐辛子は細かく刻む。
3　ボウルに1を入れ、ライム果汁を加えてあえる。2と塩、
こしょうを加え、さらに全体をあえる。
＊あえたあと、冷蔵庫で10分ほどおくと味がなじんでおいしい。

007

甘酸っぱいフレッシュないちごをなめらかな
豆腐衣で。デザートとしてもおすすめ

いちご×白あえ

Memo
いちごの代わりに、いちじく、柿、
桃でもおいしい。季節のフルーツで
愉しんで。

材料〔2〜3人分〕
いちご … 200g
木綿豆腐 … 200g
A｜すり白ごま … 大さじ1
　｜塩 … ふたつまみ程度
　｜西京みそ（あれば）… 小さじ1程度

作り方
1　豆腐はキッチンペーパーで包んで小ぶりの皿をのせ、
10分ほどおいて水気をきる。フードプロセッサーに入れ、
Aを加えてなめらかになるまで撹拌する。
2　いちごはへたをとる（大きいものは食べやすく切る）。
3　ボウルに1、2を入れてざっくりあえる。

14

PART 1 ──── たった2つの食材で新しいマリアージュ

008
熱々白菜ステーキ
×ブルーチーズソース

009
さば缶×クリームチーズ
黒七味ディップ

010
なす×バジル
炒め

011
えびときゅうりの
花椒炒め

PART 1 ——— たった2つの食材で新しいマリアージュ

008

熱々に蒸した白菜がみずみずしい！
ブルーチーズソースでこってり満足感

熱々白菜ステーキ
×ブルーチーズソース

Memo
和テイストの料理を組み合わせても
洋風に合わせても相性のよい一皿。

材料〔2〜3人分〕
白菜（芯がついたくし形切り）… 250g
ブルーチーズ … 50g
バター … 10g
粗びき黒こしょう … 適量

作り方

1 フライパンにバターを入れて中火にかける。バターが
溶けてきたら白菜の切り口をフライパンにつけるように
置き、水⅓カップを加える。煮立ってきたら蓋をし、弱
めの中火にして5分ほど蒸し煮にする。

2 1の蓋をとり、触らずそのまま水分を飛ばす。さらにし
ばらく焼き、白菜にこんがり焼き色をつける。裏返して
裏面もさっと焼き、皿にとり出す。

3 フライパンをさっと洗ってふき、崩したブルーチーズを
のせる。中火にかけ、チーズが溶け始めたら（完全に
溶かさなくていい）、白菜にかけ、こしょうを振る。

006

まぜるだけでできる、旨みたっぷり
クリーミーディップ。黒七味でピリ辛に

さば缶×クリームチーズ
黒七味ディップ

Memo
冷蔵庫で3日ほど保存可能。黒七
味ではなく、粉山椒でもおいしい。
洋テーブルに合わせるなら、黒七
味はもちろん黒こしょうやピンクペッ
パーでも。中華なら花椒がおすすめ。

材料〔作りやすい分量〕
さば缶（水煮）… 1缶（150〜200g）
クリームチーズ … 60g
みそ … 小さじ1〜1.5
黒七味 … 適量
ディップする野菜、パン、
　　クラッカーなど … 適量

作り方

1 ボウルに室温に戻してやわらかくしたクリームチーズと
みそを入れ、なめらかに均一になるまでゴムべらなどで
まぜる。

2 さば缶の汁気をしっかりきって1に入れ、フォークなど
でさばを崩しながらまぜる。

3 器に盛り、黒七味をかけ、野菜などを添える。

010

台湾ではバジルが意外とよく使われます
黒酢のきいた、台湾風の炒め物！

なす×バジル炒め

Memo
バジルは軸もやわらかそうであれば、
軸を刻んで使用しても。

材料〔2〜3人分〕

なす … 3本（300g）
バジル … 3本程度
にんにく（みじん切り） … 大さじ½
しょうが（みじん切り） … 大さじ1
A｜しょうゆ … 大さじ½
　｜黒酢（なければ普通の酢） … 大さじ½
　｜砂糖 … 小さじ1
　｜一味唐辛子（好みで） … 少々
サラダ油 … 大さじ4
ごま油 … 小さじ1

作り方

1 なすは平ための乱切りにする。バジルは葉を摘んでおく。

2 フライパンにサラダ油を入れて中火にかける。なすを並べ、時々返しながら軽く焼き色がつき、火が通るまで5分ほどかけてじっくり焼く。いったんキッチンペーパーの上にとり出し、油をきる。

3 2のフライパンにごま油、にんにく、しょうがを入れて中火にかける。香りがしっかり立ってきたら、炒めたなすを戻し入れ、Aを加えてまぜる。仕上げにバジルの葉を加えて手早くまぜ、器に盛る。

011

きゅうりにえびの旨みがしみ込む！
花椒の痺れる辛さと華やかな香りを楽しんで

えびときゅうりの花椒炒め

Memo
辛さは花椒パウダーで加減しましょう。えびは殻つきでも、むき身でもOKです。

材料〔2人分〕

えび（殻つき） … 150g
　（むき身 … 120g）
きゅうり … 1本
塩 … ふたつまみ程度
花椒パウダー … 好みの量
ごま油 … 大さじ1強

作り方

1 えびは殻、尾、背わたをとってしっかり水洗いをし、水気をふいて2〜3等分に切る。きゅうりは縦に4等分に切り、2cm幅に切る。

2 フライパンにごま油を入れて中火にかける。えびを加えてさっと炒め、ほぼ火が通ったら塩を振り、きゅうりを加えてさっと炒める。仕上げに花椒パウダーを加えて手早くまぜ、器に盛る。

PART 1 ──── たった2つの食材で新しいマリアージュ

012
チキンとカリフラワーの
サブジ

013
まぐろ刺身の
ユッケ

014
コチュウフマヨ

015
焼きいも×ギリシャヨーグルト
粒マスタードサラダ

PART 1 ——— たった2つの食材で新しいマリアージュ

012

「サブジ」とは、インド料理の野菜の蒸し炒め煮のこと。
じゃがいもやブロッコリーなど、いろいろな野菜で楽しむのも◎

チキンとカリフラワーの
サブジ

Memo
サブジに欠かせないクミンシードは、
油で熱して香りを引き出すのがおい
しさのポイント。

材料〔2人分〕

鶏もも肉 … 150g
カリフラワー … ½個（250g）
クミンシード … 小さじ1
カレー粉 … 小さじ½
サラダ油 … 大さじ1
塩、黒こしょう … 各適量

作り方

1 鶏肉は2cmの角切りにし、塩小さじ¼ 、こしょうをまぶ
　しておく。カリフラワーは小房に分ける（大きいものは
　半分に切る）。

2 フライパンにクミンとサラダ油を入れて中火にかける。
　香りが立ってきたら鶏肉、カリフラワーを入れてさっと
　炒める。カレー粉と水大さじ4を加えて蓋をし、4分ほ
　ど蒸し煮にする。

3 蓋をとって余分な水分を飛ばしながら炒め、塩、こしょ
　うで味を調える。

013

牛肉を使った韓国風のタルタル「ユッケ」を、まぐろで。
たれがまぐろにからんでたまらない

まぐろ刺身のユッケ

Memo
韓国粉唐辛子は、辛みが少ないの
が特長。韓国料理に使うと本格的
な味わいに。なければ一味唐辛子
でも。

材料〔2人分〕

まぐろ（刺身用）… 150g
A｜コチュジャン、ごま油、しょうゆ
　　… 各小さじ1
　｜にんにく（すりおろし）… 少々
　｜韓国粉唐辛子 … 少々
万能ねぎ（小口切り）… 適量
いり白ごま … 適量
卵黄 … 1個分

作り方

1 まぐろは食べやすい大きさの角切りにする。

2 ボウルにAを入れてまぜ、1を加えてからめる。

3 器に盛り、万能ねぎとごまを散らし、中央に卵黄をの
　せる。

014

「ウフマヨ」とは卵とマヨネーズのこと。
コチュジャンをまぜればピリ辛つまみに

コチュウフマヨ

Memo

マヨネーズはおいしいものを。マヨ
ネーズに少し調味料や食材をプラ
スするだけでも特別感のある一品に。
コチュジャンの代わりにスパイスや
調味料でアレンジしても。

材料〔2人分〕

卵 … 2個
コチュジャン … 小さじ1
マヨネーズ … 大さじ1.5

作り方

1 ゆで卵を作る。フライパンに高さ1.5cmほど水を入れ、
  中火にかける。煮立ち始めたら卵をそっと並べ、蓋を
  して8分蒸す。水にとって冷まし、殻をむく。
2 ボウルにコチュジャンとマヨネーズを入れてまぜる。
3 器にゆで卵を盛り、2のソースをたっぷりかける。

015

こっくりとしたさつまいもの甘みと
酸味のあるヨーグルトの絶妙なバランス!

焼きいも×ギリシャヨーグルト
粒マスタードサラダ

Memo

ギリシャヨーグルトがない場合は、
倍量のプレーンヨーグルトを水きりし
て代用できます。

材料〔2〜3人分〕

焼きいも … 1本（180g）
ギリシャヨーグルト（プレーン） … 大さじ2.5
粒マスタード … 大さじ1

作り方

1 ボウルにヨーグルトと粒マスタードを入れてまぜる。
2 焼きいもは皮をむいて食べやすく割る。
3 器に2を盛り、1をかける。

column

手間ゼロプレート

とりあえずテーブルに並べておくだけで準備完了。お出迎え、箸休め、食後のワインのお供にも。チーズやナッツ、季節のフルーツなどを自由に盛り合わせるだけ。プレートは、皿、カッティングボード、石製プレートなど好きな食器でテーブルを飾って。

オリーブ、ピクルスなど

サラミ、生ハムなど

バゲットやクラッカーを添えても。

チーズ
パルミジャーノ・レッジャーノ、カマンベール、ブルーチーズなど

ドライフルーツ
レーズン、ドライいちじく、ドライマンゴー、プルーンなど

季節のフルーツ

チーズははちみつを合わせるのも。特にブルーやウォッシュなどくせの強いチーズに合います。

PART 2

年中呼びたい
定番ホムパ
新常識

気の合う仲間や友人と、気軽に楽しむカジュアルホムパ。
今までの定番ホムパメニューを今どきに変えて、
準備に手間をかけず、ラクしてみんなで楽しみましょう。
思い立ったらすぐできる新常識が満載！

PART 2 ──── 定番ホムパ 新常識

すしの日

ホムパで定番といえば、手巻きずし。オーソドックスなすし飯×刺身のほかに、玄米すし飯、アボカドや生ハム、豚肉の甘辛炒め、ミックスナッツやクリームチーズ、とびっこを用意するとNYスタイルでも楽しめます。ごま油や韓国のりを添えれば韓国テイストにも。

クリームチーズ

ミックスナッツ

とびっこ

016
玄米すし飯

焼きのり

017 すし飯

アボカド

生ハム

サニーレタス(またはサンチュ)

刺身

青じそ

018 豚肉の甘辛炒め しょうが風味

PART 2 ── 定番ホムパ 新常識

016/017

玄米すし飯をプラスして、
体も喜ぶヘルシー手巻きを楽しみましょう

玄米すし飯・すし飯

Memo
白米も玄米もすし酢は同じ配合。
玄米は炊飯器の玄米モードか圧力
鍋で上手に炊けます。余裕がなけ
ればレトルトの玄米ごはんでも。

材料〔2合分〕

米 … 2合
【すし酢】
　酢 … 大さじ3
　砂糖 … 大さじ1.5
　塩 … 小さじ1

作り方

1 米を洗い、同量の水で30分ほど浸水させ、炊飯する。
　すし酢の材料を合わせておく。
2 ごはんが炊き上がったらほぐし、ボウルに移す。手早く
　すし酢を回し入れ、しゃもじで全体に行きわたるように
　手早くまぜる。
3 大きめのバットなどにオーブンシートを敷き（いったんク
　シャッとして広げる）、ごはんを広げ、冷ます。こうする
　とごはんがベタつかず仕上がる。

> ここまで準備 ▷

018

しょうがをきかせた甘辛炒めもすし飯と一緒に！
当日はこの一品作るだけ

豚肉の甘辛炒め
しょうが風味

Memo
豚薄切り肉の代わりに牛こま切れ肉
で作っても◎。

材料〔作りやすい分量〕

豚薄切り肉（こま切れや肩ロースなど）
　　… 200g
しょうが（細切り）… 小1かけ分
A｜しょうゆ … 大さじ1
　｜みりん … 大さじ1.5
　｜砂糖 … 小さじ1
サラダ油 … 小さじ1

作り方

1 豚肉は食べやすく切る。フライパンにサラダ油を中火
　で熱し、しょうがと豚肉を入れ、豚肉をほぐしながらほ
　ぼ火が通るまで炒める。
2 1にAを加え、箸でまぜながら水分がほぼなくなるまで
　炒める。

> ここまで準備 ▷

Other filling

刺身（まぐろ、サーモン、ぶり、鯛、ほたてなど）
生ハム
アボカド
とびっこ、いくら
クリームチーズ、マスカルポーネ
サニーレタス（またはサンチュ）、きゅうり、貝割れ菜
青じそ、みょうが、万能ねぎ、芽ねぎ
梅干し、納豆、たくあん
ミックスナッツ、いりごま
焼きのり、韓国のり

オーソドックスな刺身＋しょうゆはもちろん、家ならではのトッピングを楽しんでも。日本酒だけでなくワインにも合う味を作れます。写真は、アボカド＋生ハム＋貝割れ＋とびっこ＋鯛刺身。いろいろな組み合わせを楽しんで。

PART 2 ──── 定番ホムパ 新常識

二度うまタコパ

生地を流し込み、具材を入れてみんなで参加できるのが楽しいタコパ。たこ焼きは大阪風と明石風の2種類。後半はアヒージョにしてワインと一緒に。香りが移ったオイルにパンを浸すと美味！

019
大阪風たこ焼き

020
明石風たこ焼き
（玉子焼き）

021
アヒージョ

PART 2 ── 定番ホムパ 新常識

二度うまタコパ

019

たこがゴロッと大きくてふわとろ！
紅しょうががとってもいいアクセントに

大阪風たこ焼き

Memo
たこ焼きを返すとき、まわりにはみ
出た生地も一緒にまとめて返します。
えび、いか、キムチなどの具材を入
れても。

材料 〔約15個分〕

薄力粉 … 50g
卵 … 1個
A│だし汁 … 1カップ
　│しょうゆ … 小さじ1
　│塩 … ひとつまみ
ゆでだこ … 80g
万能ねぎ（小口切り） … 2本分
紅しょうが … 好みの量
サラダ油 … 適量
ソース、マヨネーズ、青のり … 各適量

作り方

1　ボウルに卵を割りほぐし、Aを加えてよくまぜる。別の
　ボウルに薄力粉を入れて、卵液を少しずつ加えながら
　泡立て器でよくまぜる。薄力粉のダマが気になるような
　らザルで漉す。

▷ここまで準備▷

2　キッチンペーパーをたこ焼き器の穴程度の大きさに丸
　めたものを用意し、たこ焼き器の穴にサラダ油を塗る。
　中火で温め、熱くなったら1をあふれるくらいたっぷり
　流し入れ、万能ねぎ、紅しょうが、たこを入れる。

3　生地が焼けてきたら竹串で穴の側面をくるりと回し、た
　こ焼きを返す。裏面も焼きかたまったら、竹串でコロコ
　ロ返しながら全体を焼く。ソース、マヨネーズ、青のり
　を好みでかけて食べる。

020

ふわっとあっさりとした生地を、
上品なつけつゆにつけていただきます

明石風たこ焼き
（玉子焼き）

Memo
浮き粉とは、和菓子の材料として
使われる粉のこと。製菓材料の専
門店で購入可能です。

材料 〔約20個分〕

薄力粉 … 15g
浮き粉（じん粉） … 35g
卵 … 2個
A│だし汁 … 300㎖
　│しょうゆ … 小さじ1
　│塩 … ふたつまみ
ゆでだこ … 100g
サラダ油 … 適量
【つけつゆ】
　だし汁 … 300㎖
　しょうゆ … 大さじ1
　塩 … 少々
　みりん … 大さじ1
三つ葉 … 適量

作り方

1　【つけつゆ】を作る。鍋にだし汁を入れて沸かし、しょ
　うゆ、塩、みりんで味をつける。器に入れ、刻んだ三
　つ葉を散らす。

2　ボウルに卵を割りほぐし、Aを加えてよくまぜる。別の
　ボウルに薄力粉と浮き粉を入れてまぜ、卵液を少しず
　つ加えながら泡立て器でよくまぜる。粉のダマが気に
　なるようならザルで漉す。

▷ここまで準備▷

3　キッチンペーパーをたこ焼き器の穴程度の大きさに丸
　めたものを用意し、たこ焼き器の穴にサラダ油を塗る。
　中火で温め、熱くなったら2をあふれるくらいたっぷり
　流し入れ、たこを入れる。

4　生地が焼けてきたら竹串で穴の側面をくるりと回し、た
　こ焼きを返す。裏面も焼きかたまったら、竹串でコロコ
　ロ返しながら全体を焼く。だしにつけて食べる。

いろいろアヒージョ

021

たこ焼きに飽きたら、アヒージョで楽しもう。
具はいろいろ揃えると楽しい

アヒージョ

Memo
具材は、えび、ベビーほたて、太めのアスパラガス、カリフラワーなどでも。

材料〔作りやすい分量〕

〈具材〉
牛赤身肉（ステーキ用）、
ゆでだこ、
ソーセージ、
ミニトマト、
ブロッコリー、
マッシュルーム、
塩、
バゲット（角切り）… 各適量
【にんにくオイル】
　にんにく … 大1かけ
　赤唐辛子（好みで）… 1本
　オリーブオイル … ½カップ

作り方

1　【にんにくオイル】を作る。にんにくは2mm程度の輪切りにする（芯がある場合は、焦げやすいので、つまようじなどでとる）。フライパンにオリーブオイルとにんにくを入れ（赤唐辛子を入れる場合は、この時点で丸ごと一緒に入れる）、中火にかける。にんにくにこんがり焼き色がついたら耐熱ボウルなどに油をとり出し、さらににんにくを別皿にとり出しておく。

2　牛肉は3cm程度の角切り、たこは食べやすく切って水気をしっかりふく。ソーセージは半分に切って好みの切り込みを入れる。ミニトマトはへたをとる。ブロッコリーは小房に分け、マッシュルームは大きければ半分に切る。

［ここまで準備］▷┈┈┈┈┈┈┈┈┈┈┈┈┈┈┈┈┈┈

3　たこ焼き器ににんにくオイルを入れて中火で温め、好みの具材を入れて焼き、塩で調味する。残った油にバゲットを浸して食べる。

PART 2 —— 定番ホムパ 新常識

メキシカン タコスパ

実は簡単でウケのよい、メキシカンタコスパはとてもおすすめ。市販のトルティーヤでも、しっとりもちもちで食べられる裏ワザをお教えします。それは蒸すこと！ 保温もできるのでせいろがあると便利。あとは主に切ってテーブルに並べるだけ！ サワークリームやレモン、レタスのせん切りを添えても。

025 トルティーヤ

シュレッドチーズ

パクチー

022 チリビーンズ

ハラペーニョ、グリーンタバスコなど

022 — 025

024
ワカモレ

タコチップ

023
チキンファヒータ

トマト

紫玉ねぎ

ライム

PART 2 ── 定番ホムパ 新常識

022

クミンとカイエンヌペッパーをたっぷりきかせて
スパイシーに仕上げました

チリビーンズ

Memo
エスニック料理に欠かせないクミンはシード＆パウダーを使えば本格的に。カイエンヌペッパーで辛みの調整を。

材料〔4人分〕
トマト缶（カット）… 1缶（400g）
レッドキドニービーンズ（水煮）… 正味200g
合いびき肉 … 100〜150g
玉ねぎ（みじん切り）… ½個分（100g）
にんにく（みじん切り）… 小さじ1
クミンシード（あれば）… 小さじ½
A｜クミンパウダー … 小さじ2
　｜カイエンヌペッパー（または一味唐辛子）
　｜　… 適量
　｜塩 … 小さじ½
塩、こしょう … 各少々
オリーブオイル … 大さじ1

作り方
1　レッドキドニービーンズは汁気をきりさっとゆすぐ。
2　フライパンにオリーブオイル、にんにく、クミンシードを入れて中火にかける。香りが立ってきたら玉ねぎを加えてしんなりするまで2分ほど炒め、ひき肉を加えてほぼ火が通るまで炒める。
3　トマトとレッドキドニービーンズを加え、Aを加えて全体をまぜ、煮立ったら弱火にして5分ほど煮る。仕上げに塩、こしょうで味を調える。

> ここまで準備

023

鶏肉をスパイスとライムで事前に
しっかりマリネして。直前に炒めるだけ！

チキンファヒータ

Memo
ファヒータは、ラム肉や牛肉でもおいしい。鶏むね肉はコストもやさしく手軽に作れておすすめ。

材料〔4人分〕
鶏肉（もも、むね、いずれでも）… 1枚（300g）
玉ねぎ … ½個（100g）
パプリカ（赤、黄）… 各½個
オリーブオイル … 大さじ1
【マリネ液】
　ライム果汁（またはレモン汁）… 大さじ½
　カイエンヌペッパー（または一味唐辛子）
　　… 少々
　クミンパウダー … 小さじ½
　塩 … 小さじ⅓
　こしょう … 少々
　にんにく（すりおろし）… 小さじ½
　オリーブオイル … 小さじ1
塩、こしょう … 各適量

作り方
1　鶏肉は長いほうを半分に切り、それぞれ1cm幅の棒状になるように切る。ボウルに入れ、マリネ液の材料を加えて揉み込む。ラップをして冷蔵庫に30分〜一晩おく。
2　玉ねぎは縦に薄切り、パプリカは5mm幅に切る。

> ここまで準備

3　フライパンにオリーブオイル大さじ½を入れて中火で熱し、1の鶏肉を広げ入れる。焼き色がついたら裏返し、肉に火が通るまで焼いてとり出す。フライパンに残りのオリーブオイルを入れて中火で熱し、2をしんなりとするまで炒める。鶏肉を戻し入れ、塩、こしょうで味を調え、全体がなじむまで炒める。

024

タコスパに欠かせないワカモレは、アボカドのみで作ってもOK

ワカモレ

Memo
レモンの代わりにライムがあればより本格的に。トマトと玉ねぎのみじん切りを加えるとさらに本格的。

材料〔4人分〕
アボカド（適度に熟したもの）…1個
レモン汁…大さじ1
塩、こしょう…各少々

作り方

1 アボカドは縦に半分に切り込みを入れ、半分に割り、種をとる。スプーンで中身をかき出しボウルに入れる。レモン汁を加え、フォークでつぶし、ペースト状にする。塩、こしょうで味を調える。

025

市販のトルティーヤは、せいろで蒸す裏技で本格的なできたてのおいしさに！

トルティーヤ

Memo
メキシコのトルティーヤを入れる蓋つき器に見立てて、せいろを使ってみました。保温にも◎。

材料と作り方〔4人分〕
トルティーヤ12枚を蒸気の上がったせいろで熱くなるまで蒸す。

Other filling

パクチー（2cm幅くらいに切る）… 小3株程度分
トマト（小さい角切り）… 1個分
紫玉ねぎ（粗めのみじん切り）… 1/4個分
　（水に5分ほどさらしてザルで水をきり、さらにキッチンペーパーに包んで水気をしぼる）
シュレッドチーズ（好みのもの）… 適量
タコチップ（好みのもの）… 適量
ハラペーニョ、グリーンタバスコなど … 好みで

PART 2 ── 定番ホムパ 新常識

もやしナムル
キムチ
韓国のり
ほうれんそうナムル

026
パンチャン

027
香り野菜のチヂミ

028
カムジャタン

カクテキ

韓国の辛い鍋パ

定番鍋もいいけれど、ちょっと新しい鍋物に挑戦。「カムジャタン」は火にかける直前まで準備し、チヂミは焼くだけの状態に。あとはパンチャンで飲みながら待ちましょう!

026

韓国料理でも定番のナムル、キムチ、韓国のり、
たくあん、さきいかなどのパンチャンを並べて

パンチャン

Memo
韓国料理でごはんと一緒に食べる
惣菜「パンチャン」。小さめの小鉢
に盛りつけて並べるだけで、韓国
料理のテーブルに。

材料
キムチ
カクテキ
韓国のり
もやしナムル
ほうれんそうナムル

□ 野菜のナムル

材料と作り方 〔作りやすい分量〕
野菜200gをさっと塩ゆでして水けをきり、冷まして食べやすく切る。**塩1〜2つまみ、にんにく(すりおろし)少々、ごま油大さじ½、すり白ごま大さじ1を加えよくあえる。**

027

韓国ではせり(ミナリ)だけの
チヂミもとても人気

香り野菜のチヂミ

Memo
日本で親しみ深い野菜でも抜群に
おいしくできました。粉少量で、カリ
カリの薄衣が絶品!

材料〔4人分〕
好みの野菜1種
　(パクチー、せり、にらなど)… 120g
米粉 … ½カップ
塩 … ひとつまみ
水 … 大さじ2程度
好みの油 … 大さじ2
酢じょうゆ(好みで)… 適量

作り方

1. 野菜は3〜4cm長さに切り、ボウルに入れる。米粉と塩を加えてよくまぜる。水を少量ずつ加えてまぜ、かろうじて全体がまとまる程度の状態に仕上げる。

▶ ここまで準備

2. フライパンに油を弱めの中火で熱し、1を広げ、じっくり3〜4分焼き、フライパンに接している面が焼きかたまったら裏返す。フライ返しで表面をぎゅっと押さえて平らにし、さらに3〜4分焼く。
3. 食べやすく切り、好みで酢じょうゆを添える。

「カムジャタン」は豚の骨つき肉と
じゃがいもの辛い鍋。シメは雑炊でもおいしい

カムジャタン

Memo
スペアリブの血抜きは、急ぐ場合は省いても。暑い時期は冷蔵庫で保存してください。辛さはコチュジャンまたは韓国粉唐辛子をプラスしても。

材料〔4人分〕
スペアリブ … 800g
にんにく … 3かけ
ねぎの青い部分 … 1本分
しょうが(薄切り) … 2枚
じゃがいも … 小6個
ねぎ(小口切り) … 1本分
コチュジャン … 大さじ2
みそ … 大さじ1
塩 … 小さじ½程度
すり白ごま … 大さじ1程度
インスタントラーメンの麺 … 2玉

作り方

1　スペアリブは水に30分ほどつけて血抜きをする。鍋にスペアリブ、にんにく、ねぎの青い部分、しょうが、水6カップを加えて火にかけ、煮立ったらアクをとり、弱火にしてスペアリブがやわらかくなるまで30分ほど煮る。

2　1の煮汁にみそとコチュジャンを溶かし入れ、塩を加えてさらに30分ほど煮る。スペアリブとねぎの青い部分をとり出し、皮をむいたじゃがいもを加え、火が通るまで煮る。

> ここまで準備

3　もてなし用の鍋に2を入れてスペアリブをのせ、ねぎを散らしてごまを振る。カセットコンロにのせて温めながら食べる。

4　シメに、残った煮汁にインスタントラーメンの麺を入れ、好みの加減になるまで煮るⓐ。

ⓐ

PART 2 ──── 定番ホムパ 新常識

029
魚介のトマトバジル鍋

海鮮イタリアントマト鍋パ

ブイヤベース風のトマトバジル鍋に紫キャベツのマリネ、フルーツのカプレーゼを添えて。たまにはイタリアンな鍋パでワインなどを合わせても。キンキンに冷やした白ワインを嗜（たしな）みながら、友人との楽しいひとときを。バゲットを添えてもいいし、シメはリゾットかパスタに。

030
紫キャベツの
コールスロー

031
フルーツカプレーゼ

PART 2 — 定番ホムパ 新常識

029

魚介たっぷりのトマト味で、ブイヤベースのような鍋

魚介のトマトバジル鍋

Memo
バジル以外のハーブでも。魚介のほかに、豚肉や鶏肉、ソーセージなどお肉を入れても。チーズなどのトッピングも◎。

材料〔4人分〕

- えび(殻つき) … 大4尾
- いか … 1ぱい
- 甘塩たら(切り身) … 2切れ
- はまぐり … 4個
- ペコロス … 8個
- かぶ … 2個
- 長いも … 15cm
- れんこん … 細め20cm
- トマト缶(カット) … 1缶(400g)
- にんにく(みじん切り) … 1かけ分
- オリーブオイル … 大さじ2
- ブイヨン(固形) … 1個
- バジル … 適量

作り方

1. えびは殻をむき、背わたをとってボウルに入れる。片栗粉小さじ1(分量外)を入れて揉むようにまぜ、洗って水気をきる。いかはわたと軟骨を抜き、胴は皮をむいて食べやすく切る。足はしごきながら洗い、足先を切りとり、食べやすく切る。たらは食べやすく切る。
2. ペコロスは皮をむく。かぶは茎を少し残してくし形に切り、皮をむく。長いもは皮をむいて1cm厚さの半月切りに、れんこんは皮をむき5mm厚さに切る。
3. 鍋ににんにくとオリーブオイルを入れて中火にかける。香りが立ってきたらトマト缶を加えてひと煮立ちさせ、水1ℓ、ブイヨン、ペコロスを加えて5分ほど煮る。残りの根菜を加え、火が通るまで5分ほど煮る。

▷ ここまで準備 ▷

4. 仕上げに魚介を加えてさっと火を通し、ざく切りにしたバジルをのせる。

残ったスープにごはんを適量加えて煮、リゾット風に。器に入れて削ったパルミジャーノとこしょうをかける。ゆでたショートパスタなどもおいしい。

030

シンプルで簡単なのに、
テーブルに置くだけで華やかになる副菜

紫キャベツの
コールスロー

冷蔵庫で3日ほど保存可能です。好みでクミンシードなどのスパイスを足しても。また、サラミの細切り、さっと炒めたベーコンの細切りなどを加えてもおいしい。

材料〔4人分〕

紫キャベツ … 250g
塩 … 小さじ1
A │ 酢 … 大さじ1
　 │ サラダ油 … 大さじ2
　 │ こしょう … 少々

作り方

1 キャベツはせん切りにしてボウルに入れ、塩を加えてしっかり全体にからめ、軽く揉んで20分ほどおく。さらによく揉み、しんなりしたら水で塩気をさっとゆすぎ、水気をきってぎゅっとしぼり、ボウルに入れる。

2 1のボウルにAを加えてよくまぜ、30分ほどなじませる。

031

季節のみずみずしいフルーツを
モッツァレラと合わせておしゃれな前菜に

フルーツカプレーゼ

桃は皮をむいておいておくと、色が変わるので食べる直前に作りましょう。フルーツは季節によっていろいろ。いちご、桃、ぶどう、プラム類、キウイフルーツ、メロン、いちじく、柿、洋なしなどで作っても。

材料〔4人分〕

モッツァレラ … 1個
桃 … 大1個
オリーブオイル … 大さじ1.5
粒塩（または普通の塩）… 少々

作り方

1 桃は皮をむき、種をとって食べやすく切る。モッツァレラは表面の水分をキッチンペーパーでふき、食べやすくちぎる。

2 1を器に広げ、オリーブオイルをかけ、塩を散らす。

PART 2 ── 定番ホムパ 新常識

行楽飲み会

天気のいい日は、重箱や容器に彩りおかずを詰めて外でごはん。お花見はもちろん、ピクニックなどで外飲みを楽しむのも気持ちがいいです。取り皿やグラスはプラスチックや紙など簡易的なものでもOK。冷めてもおいしいごちそうレシピをご紹介します。

036
キャロットラペ

033
うなぎごはん

037
スナップえんどうと
アスパラガスのオイルあえ

032 ──── 037

032
鶏の唐揚げ

034
れんこんのたらこマリネ

035
ミックスビーンズのマリネ

PART 2 — 定番ホムパ 新常識

032 鶏の唐揚げ

上田家定番の弁当用しっとり唐揚げ。
卵を加えるとコクが出て時間が経ってもおいしい！

Memo
揚げる際は、揚げ焼きではなく、肉がつかる程度の油を用意してください。にんにくのすりおろしは、匂いが気になるときは入れなくてもOK。

材料〔4人分〕
- 鶏もも肉（唐揚げ用）… 600g
- A
  - しょうが（すりおろし）… 大さじ½
  - にんにく（すりおろし）（好みで）… 少々
  - しょうゆ … 大さじ2
- 片栗粉 … 大さじ6
- 小麦粉 … 大さじ4
- 卵 … 1個
- 揚げ油 … 適量
- 添え野菜（サラダ菜、カットレモン、ラディッシュなど）… 各適量

作り方

1. ボウルに鶏肉、Aを入れ、汁気がなくなるまで揉み込む。卵を割り入れて溶きからめ、片栗粉、小麦粉を加えて全体に粉気がなくなるまでまぜる。

〈ここまで準備〉

2. 揚げ油を中温（170℃程度）に熱し、⅓量の鶏肉を入れ、触らずに1分半ほど下揚げする（表面の衣がかろうじてかたまってきた感じ）。いったんとり出し、3分ほどおいて余熱で火を通す。その間に残りの鶏肉を2回に分けて同様に下揚げする。

3. 2の最初に揚げた唐揚げを再度揚げ油に入れ、少し色がつくまで1分ほど揚げる。さらに全体に均一な色がつくように箸で転がしながら1～2分ほど揚げ、とり出してしっかり油をきる。さらにキッチンペーパーで押さえてしっかり余分な油をきる。残りの唐揚げも2回に分けて同様に揚げる。

---

033 うなぎごはん

錦糸卵だけ作れば、あとは混ぜて
盛りつけるだけの簡単豪華ごはんです

Memo
木の芽の代わりに実山椒の佃煮などでも。

材料〔4人分〕
- 米 … 2合
- うなぎのかば焼き … 1尾
- うなぎのかば焼きのたれ … 1尾分
- しょうゆ … 小さじ2
- 木の芽（あれば）… 適量
- 【錦糸卵】
  - 卵 … 3個
  - 塩 … ふたつまみ
  - サラダ油 … 適量

作り方

1. 米は洗って炊飯器の内釜に入れ、2合の目盛りまで水を加え、30分ほどおく。うなぎのたれとしょうゆを入れて炊飯する。

2. うなぎはオーブントースターや魚焼きグリルなどで軽く温め、粗熱をとり、縦半分に切ってから1cm幅に切る。

3. 【錦糸卵】を作る。ボウルに卵を割りほぐし、塩を加えて混ぜる。フライパンにサラダ油を中火で熱し、卵液を数回に分けて薄焼き卵を数枚作り、細く切る。

4. 炊き上がったごはんをほぐし、半量のうなぎをまぜ、バットに広げて冷ます。重箱などの容器にごはんを詰め、3を広げ、残りのうなぎを散らし、木の芽をのせる。

副菜4品

034 サクサク歯応えがいい さっぱりマリネ
れんこんのたらこマリネ

材料 〔作りやすい分量〕
れんこん … 150g
たらこ（ほぐす）… 大さじ1.5
オリーブオイル … 大さじ1

作り方
1 れんこんは皮をむき、1〜1.5cm厚さのいちょう切りにする（大きければさらに半分に切る）。水で表面をさっとゆすぎ、水気をきる。
2 鍋に湯を沸かし、1を入れ、色が白っぽくなるまで30秒から1分程度ゆで、湯をきる。
3 2の粗熱がとれたらボウルに入れ、たらことオリーブオイルを加えてあえる。

035 豆と紫玉ねぎの食感が楽しい一品
ミックスビーンズのマリネ

材料 〔作りやすい分量〕
ミックスビーンズ（水煮）… 正味100g
紫玉ねぎ … 20g
A｜酢 … 大さじ½
　｜オリーブオイル … 大さじ1
　｜塩 … ふたつまみ
　｜こしょう … 少々

作り方
1 紫玉ねぎは水に5分ほどさらし、水気をきり、キッチンペーパーに包んで軽く水気をしぼる。
2 ボウルにAを入れてよくまぜる。1と水気をきったミックスビーンズを加えてあえ、30分ほどなじませる。

036 定番だけどワインのお供に欠かせない
キャロットラペ

材料 〔作りやすい分量〕
にんじん … 1本（150g）
A｜レモン汁 … 小さじ2
　｜塩 … ふたつまみ
　｜こしょう … 少々
　｜サラダ油 … 大さじ1.5

作り方
1 にんじんは、スライサーで細切りにする。
2 ボウルにAを入れてよくまぜ、1を加えてあえ、30分ほどなじませる。

037 サクサクシャキシャキ 歯応えがおいしい
スナップえんどうとアスパラガスのオイルあえ

材料 〔作りやすい分量〕
アスパラガス … 1束（100g）
スナップえんどう … 100g
塩 … ふたつまみ
オリーブオイル … 大さじ1

作り方
1 アスパラガスは根元のかたい部分をピーラーでむき、スナップえんどうの長さに合わせて切る。スナップえんどうは筋をとる。それぞれ熱湯でゆで、湯をきり、冷ます。
2 ボウルに1を入れ、塩とオリーブオイルを加えてからめる。

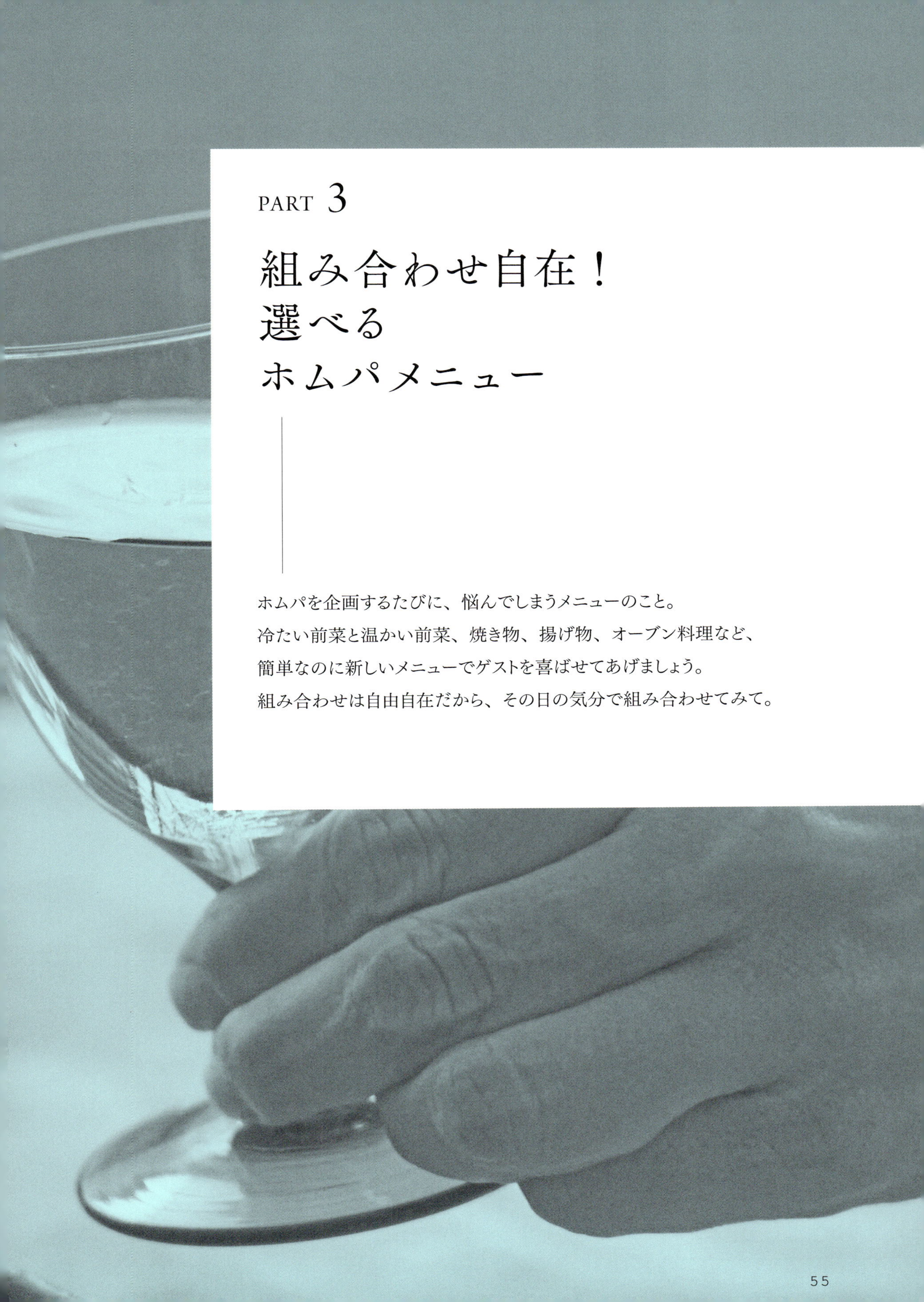

PART 3

組み合わせ自在！
選べる
ホムパメニュー

ホムパを企画するたびに、悩んでしまうメニューのこと。

冷たい前菜と温かい前菜、焼き物、揚げ物、オーブン料理など、

簡単なのに新しいメニューでゲストを喜ばせてあげましょう。

組み合わせは自由自在だから、その日の気分で組み合わせてみて。

PART 3 ── 組み合わせ自在 選べるメニュー

冷たい前菜

038
豚しゃぶの
ヤムウンセン

039
かつおの生春巻き
こしょうまみれ

040
タブレ風
ライスサラダ

041
しっとりよだれ鶏

PART 3 ──── 組み合わせ自在 選べるメニュー

冷たい前菜

事前に仕込んでおけるのが嬉しい、冷たい前菜。
乾杯のときに食べたいサラダ的なお料理をご紹介します。

---

038 豚しゃぶのヤムウンセン

豚しゃぶは火を止めた湯にくぐらせるとしっとり！ エスニックの日にどうぞ

Memo
パクチーは茎のほうが香りが断然強く、エスニックだれには欠かせないアクセントに。一味唐辛子で辛さの調整を。

材料〔2〜3人分〕

- 豚ロース薄切り肉 … 200g
- 春雨（乾燥）… 30g
- 紫玉ねぎ … ½個
- セロリ … 1本
- パプリカ（赤）… ½個
- パクチー … 2株（好みの量でOK）
- A
  - にんにく（すりおろし）… 小さじ1
  - レモン汁 … 大さじ1〜1.5
  - ナンプラー … 大さじ1〜1.5
  - 砂糖 … 小さじ2
  - 一味唐辛子 … 適量

作り方

1. 鍋にたっぷり湯を沸かし、沸いたら火をいったん止め、豚肉を1枚ずつしゃぶしゃぶの要領で湯にくぐらせ、火が通ったら、バットなどに広げる（途中、湯の温度が低くなったら加熱する）。続けて春雨を入れる。3分ほどそのままおき、やわらかくなったらザルにあげる。
2. 紫玉ねぎとセロリは薄切りに、パプリカは5mm幅に切る。パクチーは茎までざく切りにし、葉の一部はとっておく。
3. ボウルにAを入れてまぜ、春雨、豚肉と、パクチーの葉以外の2を入れてまぜ合わせる。

> ここまで準備

4. 器に盛り、パクチーの葉をのせる。

---

039 かつおの生春巻きこしょうまみれ

刺身と生野菜をライスペーパーで包んで前菜に。黒こしょうをたっぷりと！

Memo
かつおのほかに、まぐろやサーモン、白身魚の刺身を包んでもおいしい。

材料〔2〜3人分〕

- 生春巻きの皮 … 4枚
- かつおのたたき（7〜8cmの棒状に切ったもの）… 4本
- 青じそ … 5枚
- みょうが … 2本
- グリーンカール（またはサニーレタス）… 4枚程度
- ピーナッツ（刻む）… 大さじ3
- A
  - しょうゆ … 大さじ1
  - にんにく（すりおろし）… 少々
- 粗びき黒こしょう … 適量

作り方

1. ボウルにAを入れてよくまぜ、かつおを加えてからめ、冷蔵庫で15分ほどおく。青じそはせん切りに、みょうがは縦半分に切ってからせん切りにする。グリーンカールは水につけてシャキッとさせ、水気をサラダスピナーなどでしっかりとり、大きめにちぎる。
2. 水で濡らしてしっかりしぼったふきんを用意する。春巻きの皮をさっと水で濡らし、ふきんの上に置く。グリーンカールを中央より少し手前に置き、みょうが、青じそを広げる。ピーナッツを散らし、汁気をきったかつおをのせ、手前を折り、両サイドを折り、しっかり巻き上げる。残りの3本も同様に作る。バットにこしょうを広げ、2をのせて表面にこしょうをつける。

> ここまで準備

3. 食べやすく切って器に盛る。

040 タブレ風ライスサラダ

「タブレ」は、フランスで親しまれるクスクスのサラダ。米なら作りやすく様々な献立に合う

Memo
レモンとオリーブオイルにミントを添えて爽やかなサラダに。

材料〔2〜3人分〕
- ごはん … 150g（茶碗1杯分）
- トマト … 小1個
- きゅうり … ½本
- 玉ねぎ（みじん切り） … 大さじ2
- ピーマン … 1個
- ツナ缶 … 小1缶
- A│オリーブオイル、レモン汁 … 各大さじ1
　│塩 … 小さじ⅓
　│粗びき黒こしょう … 少々
- B│塩、粗びき黒こしょう … 各適量
　│レモン汁、オリーブオイル … 各大さじ1
- ミントの葉 … ½パック分

作り方
1. ごはんを電子レンジで熱々に温め、Aを加えてまぜ、冷ます。
2. 玉ねぎは水に10分ほどさらしてキッチンペーパーで包み、水気をしぼる。きゅうりは縦に4等分に切り、7mm幅に切る。ピーマンは粗みじんに刻む。トマトは半分に切って種をとり、1cmの角切りにする。ツナは油をきる。

> ここまで準備

3. 1が冷めたら、2、Bを加えてまぜる。
4. 粗く刻んだミントの葉を加えてまぜる。

---

041 しっとりよだれ鶏

花椒がきいたシビ辛がくせになる！中華の日の前菜にどうぞ

Memo
むね肉を手軽にしっとり仕上げるには、加熱しすぎず、フライパンの余熱を利用してじっくり熱を通すこと。失敗なくしっとりと仕上がります。花椒は好みで加減して。

材料〔2〜3人分〕
- 鶏むね肉 … 1枚（250〜300g）
- 塩、粗びき黒こしょう … 各適量
- 酒 … 大さじ2
- A│しょうが（すりおろし） … 小さじ1
　│花椒（ホワジャオ）パウダー … 少々
　│砂糖、酢 … 各小さじ2
　│しょうゆ … 大さじ1
　│すり白ごま … 小さじ1
　│ラー油 … 小さじ½
- きゅうり … 適量

作り方
1. 蒸し鶏を作る。鶏肉に軽く塩、こしょうをすり込んでおく。フライパンに酒と水⅓カップを入れて鶏肉を入れ、中火にかける。煮立ってきたら裏返す。蓋をして弱火で5〜6分（肉の厚みによって加減する）加熱し、火を止めてそのまま粗熱がとれるまでおく。
2. きゅうりはピーラーで薄切りにする。Aをまぜ合わせておく。

> ここまで準備

3. 器にきゅうりを盛り、食べやすくスライスした鶏肉をのせ、Aのたれをかける。好みでパクチーや白髪ねぎなどを添えても。

PART 3 ── 組み合わせ自在 選べるメニュー

温かい前菜

042
かぶのエチュベ

043
ねぎのエチュベ

044
いろいろ貝の
ワイン蒸し

温かい前菜

冷たい前菜のあとは温かい前菜も。直前まで用意して加熱するか、作っておいて温めなおすだけにしておくとラク。

042

かぶの持つ水分を引き出し、
みずみずしさと甘みがたまらない

かぶのエチュベ

Memo
「エチュベ」（蒸し煮）は、フランス料理の野菜の基本技法のひとつ。フライパンに材料を入れて蓋をして熱するだけだから手軽。

材料〔2〜3人分〕
かぶ … 3〜4個（300g）
バター … 15g
塩、粗びき黒こしょう … 各少々

作り方

1. かぶは茎を少し残して半分に切る（大きい場合は4等分に切る）。茎の根元のかたい部分の皮をむく（筋っぽい場合は全体の皮をむく）。
2. フライパンに水½カップとバターを入れ、かぶを加える。蓋をして中火にかけ、沸いたら弱めの中火にし、好みのかたさに火が通るまで5〜8分加熱する。途中、水がなくならないように注意する。仕上げに塩、こしょうで味を調える。

> ここまで準備

043

ねぎが甘くてトロトロ！
たっぷり作りおきしても

ねぎのエチュベ

Memo
ほかに、芽キャベツ、にんじん、ペコロス、アスパラガス、ブロッコリーなど、季節の野菜で楽しむことができます。ハーブを加えても美味。

材料〔2〜3人分〕
ねぎ … 3本（300g）
バター … 15g
塩、こしょう … 各少々

作り方

1. ねぎは食べやすい長さに切る。
2. かぶのエチュベの作り方2と同様に作る。

> ここまで準備

044 | 数種類の貝を一緒に蒸すと
旨みと特別感がアップ

いろいろ貝のワイン蒸し

Memo
貝の大きさに差がある場合は、口の開いたものから先にとり出すと、かたくならずおいしいです。にんにくを炒める際に輪切りの赤唐辛子を少量加えると、ピリ辛に。

材料〔2〜3人分〕
ムール貝、はまぐり、あさり、ホンビノス貝など
　好みの貝（砂抜きする）… 400〜500g
にんにく（みじん切り）… 小さじ1
オリーブオイル … 大さじ1
白ワイン … 1/3カップ
パセリ（みじん切り）… 大さじ1

作り方

1　貝をボウルに入れ、水を加えて全体をこすり洗いし、表面の汚れをとる。
〈ここまで準備〉

2　フライパンににんにくとオリーブオイルを入れて中火にかける。にんにくの香りが立ってきたら貝を入れ、白ワインを注ぎ、蓋をしてそのまま加熱する。貝の口が開いたら、パセリをまぜる。

PART 3 ──── 組み合わせ自在 選べるメニュー

温かい前菜

045

えびとパクチーの
ぷりぷり水餃子

046
ローズマリー風味の
フィッシュアンドチップス

温かい前菜

ちょっとボリューム感のある水餃子やフライも、会の前半で出すと食べやすいです。お酒の進む一品。

045

餃子は好みの包み方で OK。くるりと包むとゆで餃子向きのモチッとした食感

えびとパクチーのぷりぷり水餃子

Memo
パクチーは茎を入れると香りがぐっと強く出ます。ゆでても香りや食感が飛びにくいのも特徴。えび×パクチーは好相性！ パクチーをディルに替えても！

材料〔10個分〕

むきえび … 120g
A｜パクチーの茎と葉（小口切り）… ½カップ
　｜しょうが（すりおろし）… 小さじ½
　｜ごま油 … 小さじ1
　｜塩、粗びき黒こしょう … 各少々
餃子の皮（もち粉入り）… 10枚
パクチー、ラー油、しょうゆ、酢 … 各適量

作り方

1. えびは片栗粉大さじ½（分量外）をからめて軽く揉み洗いをし、水で洗い流してキッチンペーパーで水気をふく。包丁でみじん切りにしてたたく。
2. ボウルに1、Aを入れてまぜ、餃子の皮で包む。皮の中央に具をおいて半分にたたんで水で閉じ、左右の端を持って寄せ、先端を少し重ねて水でとめると写真のような包み方に。

〉ここまで準備〈

3. 鍋にたっぷり湯を沸かし、2を入れて3〜4分（浮き上がってから30秒程度）ゆで、湯をきる。
4. 器に盛り、好みでパクチー、ラー油、酢、しょうゆを添える。

046

イギリスを代表するローカルフード☆
ビネガーに浸して食べても good

ローズマリー風味の
フィッシュアンドチップス

Memo
生だとかたいローズマリーは、揚げることで香りよく食べることもできます。揚げすぎて焦げないように注意。

材料〔2人分〕

- 生たら（切り身）… 2切れ
- じゃがいも … 2個
- ローズマリー … 3枝
- 塩 … 適量
- 粗びき黒こしょう … 少々
- A｜ビール（または炭酸水）… ½カップ
  ｜小麦粉 … ½カップ
  ｜塩、粗びき黒こしょう … 各少々
- 揚げ油 … 適量
- レモン（くし形切り）… 適量

作り方

1. たらは塩小さじ½をまぶして5分ほどおく。さっと表面を水洗いしてキッチンペーパーでふき、1切れを3等分に切り、こしょうを振る。じゃがいもは皮つきのままくし形に切る。

> ここまで準備

2. 揚げ鍋にじゃがいもとかぶる程度の揚げ油、ローズマリーを入れて中火にかける。しばらくそのまま触らず、5〜6分揚げる（途中、ローズマリーがカリカリになったら取り出す）。じゃがいもの表面がカリッとしてきたら、箸で軽くまぜながら色がつくまでさらに2〜3分揚げる。油をきって塩適量を振る。

3. ボウルにAを入れ、ホットケーキの生地くらいのかたさになるまでまぜ合わせる。

4. たらに小麦粉（分量外）を薄くまぶし、3の衣をつけながら、中温に熱した揚げ油でカラリと3分ほど揚げる。

5. 器に2と4、揚げたローズマリー、レモンを盛り合わせる。

PART 3 ──── 組み合わせ自在 選べるメニュー

フライパンひとつで

047
タリアータ

048
サーモンのソテー
ディルヨーグルトソース

049
ぶりの照り焼き
五香粉風味

PART 3 ── 組み合わせ自在 選べるメニュー

フライパンひとつで

フライパンひとつでささっと作れるメイン級料理をご紹介します。肉や魚などで豪華に!

047

ステーキ肉をレアに焼いて薄く切るだけ
和風たたきにしたければわさびじょうゆで

タリアータ

Memo
好みでバルサミコをプラスしても。洋風にこだわらず、肉に振る塩を少なめにして、わさびじょうゆと万能ねぎの小口切りをかけても。献立に合わせて。

材料〔2～3人分〕
牛赤身肉(ステーキ用/2cm厚さ程度)
　…200～300g
塩 … 小さじ⅓～½
サラダ油 … 小さじ1
ルッコラ … 適量
パルミジャーノ・レッジャーノ … 適量
オリーブオイル … 大さじ1
粗びき黒こしょう … 適量

作り方

1　牛肉は20分ほど前に冷蔵庫から出しておく。焼く直前に表面に塩を振る。

2　フライパンにサラダ油をひき、中火にかける。しっかり熱くなったら牛肉をのせ、そのまま触らず2分ほど焼き、裏返してさらに2分ほど焼く。火を止めて20秒ほどおき、裏返してさらに20秒ほどおく。

3　牛肉をとり出し、4～5分おいて肉汁を落ち着かせる。
　┃ここまで準備┃

4　そぎ切りにして器に広げる。ルッコラを添え、オリーブオイルを全体にかけ、ピーラーで削ったパルミジャーノ・レッジャーノとこしょうをかける。

＊焼き方は牛肉が2cm厚さの場合の目安です。

048 サーモンのソテー ディルヨーグルトソース

いつもの鮭おかずがソースで変身。爽やかなソースが脂ののったサーモンにぴったり！

サーモン、ディル、ヨーグルトは北欧では定番の組み合わせといえるほど、相性抜群！

材料〔2人分〕
生鮭（切り身）… 2切れ（200g）
塩 … 小さじ½
粗びき黒こしょう … 少々
オリーブオイル … 大さじ½
A｜プレーンヨーグルト … 大さじ2
　｜マヨネーズ … 大さじ2
　｜塩、粗びき黒こしょう … 各少々
　｜ディル（葉先を摘み、粗く刻んだもの）
　｜　… 3枝分

作り方

1　鮭は塩をすり込んで5分ほどおく。さっと表面を水洗いし、キッチンペーパーで水気をふき、こしょうを振る。Aをまぜ合わせ、冷蔵庫に入れておく。
　〈ここまで準備〉
2　フライパンにオリーブオイルを入れて中火で熱し、鮭を皮目を下にして並べ、蓋をして2～3分焼く。蓋をとって鮭を裏返し、蓋をせずにさらに2分ほど火が通るまで焼く。
3　器に盛り、まぜたAをかける。

---

049 ぶりの照り焼き 五香粉風味

いつものぶり照りがスパイスひと振りでワンランクアップ。お酒にもごはんにも◎

五香粉を加えると、照り焼き味にも負けない、花椒や八角のいい香りが立つのでおすすめ。

材料〔2人分〕
ぶり（切り身）… 2切れ
A｜しょうゆ … 大さじ1
　｜みりん … 大さじ2
　｜五香粉（ウーシャンフェン）… 好みの量
しいたけ … 2個
サラダ油 … 小さじ2

作り方

1　バットにAを入れてまぜ、ぶりを加えてからめ、10分ほどおく。汁気をキッチンペーパーでふき、つけ汁はとっておく。しいたけは石づきをとり、半分に切る。
　〈ここまで準備〉
2　フライパンにサラダ油小さじ1をひき、しいたけを並べて弱めの中火にかける。火が通るまで2分ほど焼き、器に盛る。
3　フライパンをさっとふき、残りのサラダ油小さじ1を入れて中火で熱し、ぶりを入れて弱火にし、蓋をして2分ほど焼く。蓋をとって裏返し、蓋をせずにさらに2分ほど焼く。中火にし、1のつけ汁を加えてからめるように照り焼きにする。
4　2の器にぶりを盛りつけ、たれをかける。好みでさらに五香粉をかけても。

PART 3 ── 組み合わせ自在 選べるメニュー

フライパンひとつで

050
ラムの
クミン炒め

051
サモサ風
ポテトとひき肉のクミン春巻き

052
牡蠣の
ジューシー春巻き

053
さばの竜田揚げ
花椒（ホワジャオ）まぶし

PART 3 ── 組み合わせ自在 選べるメニュー

フライパン ひとつで　ハードルの高い揚げ物も、フライパンに少なめの油でOKです。
春巻きや竜田揚げは揚げる直前までを仕込んでおくとラク。

050 ラムのクミン炒め

ラムといえば、クミン。
モンゴル系中国料理の人気メニュー

クミンシードは油で加熱するとより香ばしく。クミンパウダーとのW使いでクミン感たっぷりに。パプリカパウダーはなくてもOKですが、本場の香りにぐっと近づきます。

材料〔2〜3人分〕
- ラム肩ロース肉（焼き肉用）… 250g
- にんにく（すりおろし）… 小さじ½
- 塩 … 小さじ⅓
- 粗びき黒こしょう … 少々
- パプリカパウダー … 小さじ2
- クミンパウダー … 小さじ1
- クミンシード … 小さじ½
- オリーブオイル … 大さじ½
- パクチー（適度に切る）… 適量

作り方

1　バットにラム肉を入れ、にんにくをからめる。塩、こしょう、パプリカパウダー、クミンパウダーを全体になじませる。
> ここまで準備

2　フライパンにオリーブオイルを入れ、中火にかける。熱くなり、香りが立ってきたら1を広げ、火が通るまで両面を焼く。仕上げにクミンシードを加えて香りが立つまで炒める。

3　器に盛り、パクチーを添える。

---

051 サモサ風 ポテトとひき肉のクミン春巻き

まるで本場インドの「サモサ」のような食感を、手軽に春巻きの皮で！

Memo
クミンシードでひき肉を極上の香りに。サモサのフィリングは、カレー風味。揚げたときのカレーの香りが食欲をそそります。

材料〔12個分〕
- じゃがいも … 大1個
- 牛ひき肉（合いびき肉でも）… 100g
- 春巻きの皮 … 4枚
- クミンシード … 小さじ⅔
- カレー粉 … 小さじ1
- 塩、粗びき黒こしょう … 各少々
- A ┌ 小麦粉 … 大さじ1
　　└ 水 … 大さじ1弱
- サラダ油 … 小さじ1
- 揚げ油 … 適量

作り方

1　じゃがいもは洗ってラップで包み、電子レンジ（600W）で5〜6分加熱し、皮をむいてフォークなどでつぶしておく。

2　フライパンにサラダ油とクミンシードを入れて中火にかける。香りが立ってきたらひき肉を入れ、火が通るまで炒める。塩、こしょう、カレー粉で調味する。1を加えてまぜ合わせる。
> ここまで準備

3　春巻きの皮を3等分に細長く切る。帯状の皮の端に具をのせ、三角に折りたたんでいく。最後にAをまぜたのりでとめる。

4　3を中温の揚げ油で色がつくまで2〜3分揚げる。

052

牡蠣、ねぎ、塩昆布を巻くだけ。
サクとろで旨みたっぷりの春巻き！

牡蠣の
ジューシー春巻き

Memo
水分が多い具が入っているので、揚げ焼きにすると皮が破れやすくなります。最低でも4cm程度の深さの油を用意してください。

材料〔10本分〕

- 牡蠣(加熱用/大粒) … 10個(200g)(小粒なら20個)
- ねぎ … ½本(50g)
- 塩昆布(細い塩吹きのもの) … 10g
- 春巻きの皮 … 10枚
- A │ 小麦粉 … 小さじ2
    │ 水 … 小さじ1.5程度
- 揚げ油 … 適量

作り方

1. ボウルに牡蠣を入れ、片栗粉小さじ2(分量外)と少量の水を加えて片栗粉と水をからめるようにまぜる(しばらくまぜると水分がグレーになる)。水でゆすぎ、ザルで水気をきり、キッチンペーパーで押さえて水気をとる。ねぎは小口切りにする。

> ここまで準備

2. 春巻きの皮をはがし、つるんとした面(表)を下にして重ねておく。
3. 2の皮を四角の角が手前にくるように置き、中央より少し手前にねぎをのせる。その上に牡蠣をのせ、塩昆布をのせ、手前を折り、両サイドを折り、くるりと巻く。最後にAをまぜたのりでとめる。
4. 3を170℃に熱した揚げ油で2〜3分こんがり揚げる。

053

スパイシーなやみつき衣の竜田揚げ。
ししとうはなすなどでもOK

さばの竜田揚げ
花椒まぶし
（ホワジャオ）

Memo
花椒を粉末にしたタイプも、瓶に入って売っている。山椒のように使って。

材料〔2人分〕

- さば(切り身) … 2切れ(200g)
- ししとうがらし … 10本
- しょうが(すりおろし) … 小さじ½
- しょうゆ … 小さじ1
- 片栗粉 … 適量
- A │ にんにく(すりおろし) … 小さじ¼
    │ しょうが(すりおろし) … 小さじ1
    │ 砂糖、ごま油、酢、しょうゆ … 各小さじ1
    │ 花椒パウダー … 小さじ1
- 揚げ油 … 適量

作り方

1. さばは食べやすい大きさに切り、ボウルに入れ、しょうが、しょうゆをからめて5分ほどおく。ししとうは軸を切り、破裂防止のために切り込みを入れておく。
2. 別のボウルにAをまぜ合わせておく。

> ここまで準備

3. 揚げ油を中温に熱する。ししとうをさっと揚げ、2につける。続けてさばの汁気をきり、片栗粉をまぶす。揚げ油を中温に熱し、さばをこんがり3分ほど揚げる。揚げたてのさばを2に入れてからめる。

PART 3 ——— 組み合わせ自在 選べるメニュー

オーブンまかせ

054

ローストチキン
根菜スタッフ

055
サーモンきのこパイ

PART 3 —— 組み合わせ自在 選べるメニュー

オーブンまかせ
オーブンに入れればほったらかしでOKなので、ホストが席につきながら豪華なごちそうのでき上がり。

054

皮がパリッパリで身はしっとり！
鶏の旨みがしみ込んだ根菜が美味

ローストチキン 根菜スタッフ

Memo
詰めるのは、甘栗と、さつまいも、ごぼうなどの根菜。根菜ならほかのものを入れてアレンジしても。丸鶏は下処理済みで売られるので案外ラクでコスパのいい食材。

材料〔作りやすい分量〕
- 丸鶏 … 1羽（1kg）
- 塩 … 大さじ½
- ごぼう … 80g
- さつまいも … 80g
- むき甘栗 … 50g
- にんにく … 1かけ
- ローリエ … 1枚
- オリーブオイル … 大さじ½
- サラダ油 … 小さじ1
- 塩、こしょう … 各少々

作り方
1. 鶏肉は塩大さじ½をすり込み、一晩冷蔵庫でおく。
2. ごぼう、さつまいもは1.5～2cm角に切り、水に5分ほどつけて水気をきる。にんにくは薄切りにする。
3. フライパンにオリーブオイルを入れて中火にかける。温まったら2を加えて2～3分炒め、ローリエ、軽く塩、こしょうを振り、甘栗を加えてざっとまぜ、バットなどに出して冷ましておく。
4. 1の鶏肉に3を詰めてつまようじでとめる。足も2本合わせてつまようじでとめる。

> ここまで準備

5. 天板にオーブンシートを敷き、4をのせ、サラダ油を全体に塗る。200℃に温めたオーブンで45分焼く。色が薄いようならオーブンの温度を230℃に上げて、程よければそのままの温度で、さらに15分焼く。
6. 鶏肉をとり出して20分ほど落ち着かせ、つまようじを抜き、器に盛る。切り分ける際は、最初にもも2本を切りとり、さらに上部のむねを2枚それぞれ骨からはがすように切りとる。

point
オーブンの機種によって焼き色のつく加減は様々。レシピは電気オーブンを使用する場合の目安。200℃で45分焼き、程よい色ならそのままの温度でさらに焼き続けてください。ガスオーブンの場合は、10～20℃ほど温度を下げるなど、お持ちの機種により加減を覚えておきましょう。鶏肉の焼き時間は1kgあたり1時間が目安。大きいものであれば適宜調節してください。

055 事前に炒めたきのこが、まるでトリュフ!?
サーモン、チーズと冷凍パイシートで包むだけ！

サーモンきのこパイ

パイシートに水を塗ることで、もう1枚のパイシートがくっつきやすくなります。また、パイシートの上部に3か所ほど穴をあけると、中の蒸気が抜けてきれいに焼ける。

材料〔2～3人分〕

- サーモン（さく）… 150g（4×15cm）
- 冷凍パイシート … 1枚（20×20cm）
- きのこバターペースト* … 40g
- クリームチーズ（個包装のもの）… 2個
- 塩 … 小さじ½
- 黒こしょう … 少々
- 塗り卵（溶き卵）… 適量

☆サーモンは、なるべく高さのあるものを用意して。

作り方

1. サーモンに塩をすり込み、10分ほどおく。さっと水洗いをして水気をキッチンペーパーでふく。
2. 天板にオーブンシートを敷く。パイシートを9cm幅で切り、オーブンシートにのせる。残りのパイシートを手に持ち、軽く引っ張って縦横2cmほど大きくなるように広げ、冷蔵庫で冷やしておく。
3. 天板にのせたパイシートの周囲1.5cm幅に水を指で塗る。パイシートの中央部に冷ましたきのこバターペーストを長方形に広げ、サーモンをのせる。その上の真ん中部分に半分に切ったクリームチーズを一列に並べ、こしょうを振る。
4. 冷蔵庫に入れておいたパイシートを出し、3にかぶせ、水を塗った部分を押さえてくっつける。さらにフォークの先で生地を押さえるようにしっかりつけるⓐ。きれいに仕上げる場合は、フォークで押さえたガタガタ部分を、4辺とも2mmほど切って揃える。

> ここまで準備

5. 表面に塗り卵を刷毛で薄く塗り、菜箸で上部に3か所ほど穴をあける。200℃に温めたオーブンで20～25分焼く。

□ きのこバターペースト

材料と作り方〔作りやすい分量〕

1. **しめじ、しいたけ、マッシュルームなどのきのこ各適量**をフードプロセッサーで細かく刻む（ない場合は包丁で細かいみじん切りにする）。フライパンに**バター（きのこ200gに対して10g程度）**を入れて中火にかけ、溶けてきたらきのこを加え、8分ほどかけてねっとりするまで炒める。

＊少量作るのはうまく仕上がりにくいので、多めに作って小分けして冷凍しておくと便利。サラダ、カレー、シチュー、グラタンのホワイトソースなどにまぜると味わいが格段に上がります。卵にまぜてオムレツにするのも◎。

ⓐ

PART 3 ──── 組み合わせ自在 選べるメニュー

オーブンまかせ

056
ゆで卵とほうれんそうの
カレークリームグラタン

煮込み

057
白いストロガノフ

PART 3 ── 組み合わせ自在 選べるメニュー

オーブンまかせ

オーブン料理といえば、グラタン。
グツグツ＆熱々のグラタンはテンションが上がる！

056

主役にもつまみにもなる愛されグラタン
レンジで作れるソースが必見

ゆで卵とほうれんそうの
カレークリームグラタン

Memo
ホワイトソースにカレー粉を加えます。スパイシーなカレー粉を選ぶと、より大人なクリームに。カレー粉なしでふつうのホワイトソースにしても！

材料〔2～3人分〕
ほうれんそう … 1束（200g）
塩、粗びき黒こしょう … 各適量
ゆで卵 … 3個
サラダ油 … 小さじ1
【カレークリーム】
　小麦粉、バター … 各20g
　牛乳 … 250㎖
　塩、粗びき黒こしょう … 各少々
　カレー粉 … 大さじ½
ピザ用チーズ … 20g
A｜パン粉 … 大さじ2
　｜粉チーズ、サラダ油 … 各大さじ1

作り方

1. 【カレークリーム】を作る。耐熱のボウルに室温に戻したバターと小麦粉を入れ、ゴムべらなどでなめらかになるまでまぜ合わせる。牛乳を加え、ラップをせずに電子レンジ（600W）で2分30秒加熱する。いったんとり出し、泡立て器で全体をよくまぜる（バターと小麦粉を完全に溶かす）。再度レンジで2分加熱してよくまぜ（一部かたまってもったりした部分を均一にする）、さらにレンジに1～2分かけ、再度よくまぜ、とろりとしたら塩、こしょう、カレー粉で味を調える（ソースがシャバシャバしているようなら再度1～2分加熱してまぜる）。

2. ほうれんそうはさっと塩ゆでして冷水で冷まし、水気をしぼって3cm長さに切る。フライパンにサラダ油を入れて中火で熱し、ほうれんそうをさっと炒め、塩、こしょうで味を調える。

3. 1に2、食べやすく切ったゆで卵を加えてざっくりまぜ、グラタン皿に広げ、チーズを散らす。

▷ ここまで準備 ◁

4. 200℃に温めたオーブンで10分焼く。まぜ合わせたAをかけ、焼き色がつくまでさらに5分ほど焼く。

point
オーブンの機種によって焼き色の加減を見て。オーブントースターで焼くときは、強めの火加減でこんがり焼き色がつくまで10分を目安に焼く。

煮込み

鍋で煮るだけの料理は、前日に作れてラクできるうえ、ボリューミーで喜ばれます。

057

地方によって少しずつ作り方の違うストロガノフ。白い煮込み料理は新鮮

白いストロガノフ

Memo
豚薄切り肉（豚こま、肩ロース、ももなど）で作ってもおいしい。バターライスは、温かいごはんにバターひとかけをまぜ、塩で味をつけた即席バターライスでもOK。

材料〔2〜3人分〕

- 牛こま切れ肉（赤身多め）… 200g
- 玉ねぎ … 1/2個（100g）
- マッシュルーム … 1パック（100g）
- 白ワイン … 1/3カップ
- 生クリーム（乳脂肪分40％台のもの） … 200ml
- レモン汁 … 小さじ1
- サラダ油 … 小さじ2
- 塩、こしょう … 各適量
- バターライス* … 適量
- パセリ（みじん切り）… 少々
- 粗びき黒こしょう … 少々

作り方

1. 玉ねぎは薄切りにする。マッシュルームは7mm幅に切る。牛肉は食べやすく切り、塩小さじ1/4、こしょう少々をからめておく。

2. フライパンにサラダ油小さじ1をひき、中火にかける。温まったら牛肉を広げ、1分ほど炒めてとり出す（焼き色はつけないように）。フライパンに残りのサラダ油を入れ、玉ねぎ、マッシュルームを加え、さらに2分ほどかけてしんなりするまで炒める。

3. 2に白ワインを加え、ワインが半量程度になるまで煮詰め、生クリームを加える。煮立ったら牛肉を戻し入れ、時々まぜながら2分ほど煮る。仕上げに火を強めてソースがとろりとなったら塩、こしょう各少々で味を調え、レモン汁を加えてまぜる。

> ここまで準備

4. 器にバターライスと3を盛りつけ、パセリを散らし、粗びき黒こしょう少々を振る。

□ バターライス

材料と作り方〔作りやすい分量〕

1. **米2合**は洗ってザルにあげ、水気をきり、パラリとなるまで水分を飛ばす。

2. フライパン（または鍋）に**バター10g**を入れて中火にかける。バターが溶けて泡立ってきたら米を入れ、焦がさないように30秒ほど炒める。

3. **水360ml、塩小さじ2/3とローリエ1枚**を加え、ざっとまぜて蓋をする。煮立ってきたら弱火にし、10分加熱する。

4. 火を止め、10分蒸らす。蓋をとり、全体をほぐす。

PART 3 ──── 組み合わせ自在 選べるメニュー

煮込み

058
ディルのきいた
アクアパッツァ

059
バジルのきいた
ミートボールのトマト煮

PART 3 ── 組み合わせ自在 選べるメニュー

煮込み

魚料理の代表アクアパッツァは、時間をかけずさっと煮。材料の仕込みだけしておいてその場で火を通して。

058

ディルのきいた香りのよいアクアパッツァ。
魚は好みのものを使ってOK

ディルのきいた
アクアパッツァ

Memo
白身魚とディルの相性は抜群！ ざく切りにしたディルをたっぷりとのせることで爽やかな風味が口の中に広がります。好みでさらにディルをのせても。タイムやローリエを加えても。

材料〔2人分〕
- 鯛（切り身）… 2切れ（250g）
- ディル … 3枝
- にんにく … 1かけ
- ミニトマト … 6個
- 黒オリーブ（ホール）… 8個
- 玉ねぎ … 1/2個
- オリーブオイル … 大さじ3
- 塩、粗びき黒こしょう … 各適量

作り方

1. 鯛は塩小さじ1/2をすり込み、5分ほどおく。さっと表面を水洗いしてキッチンペーパーで水気をふき、こしょう少々を振る。にんにくは横に薄切りに、玉ねぎは薄切りに、ミニトマトは半分に切る。

〔ここまで準備〕

2. フライパンにオリーブオイル大さじ1とにんにくを入れて強めの中火にかけ、熱くなったら鯛を皮目を下にして入れ、皮目をこんがり焼いて裏返す。

3. いったん火を止めて水100ml、玉ねぎ、ミニトマト、軽く手でつぶしたオリーブ、オリーブオイル大さじ1を入れて蓋をし、中火にかける。煮立ってきたらそのまま3分ほど、鯛に火が通るまで蒸し煮にする（煮汁が多いようなら、蓋をとり、火を強めて焦がさないように煮詰める）。仕上げに、塩、こしょうで味を調える。

4. 器に盛ってざく切りにしたディルをのせ、オリーブオイル大さじ1、こしょう少々を回しかける。

059

大人も子どもも大好きな味。
ごはん、パン、パスタなど何でも相性抜群

バジルのきいた
ミートボールのトマト煮

バゲット、ライス、パスタどれも合いますが、映画の中のミートボールパスタに憧れている人も少なくないはず。バターライスはp.83参照。

材料〔2人分〕
合いびき肉 … 200g
バジル … 1/2パック
パン粉 … 1/3カップ
牛乳 … 大さじ1.5
トマト缶（カット）… 1缶（400g）
にんにく（みじん切り）… 小1かけ分
塩、粗びき黒こしょう … 各適量
オリーブオイル … 小さじ1＋大さじ2

作り方

1　ボウルにパン粉と牛乳を入れて合わせる。パン粉がふやけたらひき肉、塩小さじ1/4、こしょう少々を入れてよく練りまぜる。6等分にして丸める。バジルは葉を摘んでおく。

2　フライパンにオリーブオイル小さじ1を中火で熱し、ミートボールを並べて蓋をし、2分ほど焼く。蓋をとって裏返してさらに2分ほど焼き、転がしながら1分、ほぼ火が通るまでこんがり焼き、火を止めていったんとり出す。

3　フライパンをさっとふき、にんにくとオリーブオイル大さじ2を入れて中火にかける。香りが立ってきたらトマトを加え、煮立ったら火を弱め、8分ほど煮詰める。ミートボールを戻し入れ、煮立ったら蓋をして弱火にし、3分ほど煮る。塩、こしょうで味を調える。

＜ここまで準備＞

4　仕上げにバジルを加えてまぜる。器に盛り、好みでバジル（分量外）を添える。

PART 3 ── 組み合わせ自在 選べるメニュー

煮込み

060
チュクミサムギョプサル

061
ポックンパ

062
ウーロン煮豚の
スパイスじょうゆ漬け

063
鶏肉のカチャトーラ

PART 3 ── 組み合わせ自在 選べるメニュー

煮込み

その場でさっと炒め煮するものや、前日に煮込んで味を なじませたほうがベターなものまでご紹介します。

090 チュクミサムギョプサル

「チュクミ」はイイダコを使った韓国の旨辛料理。
サムギョプサルの掛け合わせでさらに旨味アップ

Memo
マルチグリドルパンまたはホットプレートなどで卓上で作ると◎。炒めた肉をまわりに並べ、中央で玉ねぎとイイダコを炒めて。イイダコは、外国産の冷凍ものが出回っています。

材料〔2〜3人分〕
冷凍イイダコ(下処理済み。なければゆでだこでも) … 400g
豚バラ肉(焼き肉用) … 300〜400g
玉ねぎ … 1/2個
A｜みりん、砂糖 … 各大さじ1
　｜しょうゆ … 大さじ1.5
　｜コチュジャン … 大さじ1〜1.5
　｜にんにく(すりおろし) … 小さじ1
　｜韓国粉唐辛子 … 大さじ1/2〜1
サラダ油 … 大さじ1/2
ごま油 … 大さじ1/2
えごま、サンチュ … 各適量
＊レモンマヨソースをつけると絶品！
マヨネーズ大さじ3、レモン汁大さじ1/2、はちみつ大さじ1/2をまぜ、チュクミに添える。

作り方

1 イイダコは自然解凍させて水洗いをし(ぬめりがある場合は、塩大さじ1でよく揉んで水洗いをしっかりする)、水気をきる。たっぷりの湯でさっとゆでて水気をきる。

2 ボウルにAをまぜ合わせ、1を加えてまぜ、10分ほどおく。玉ねぎは5mm幅に切る。

> ここまで準備

3 豚肉をフライパンに並べてサラダ油を熱し、こんがり両面を焼く。いったんとり出し、玉ねぎをさっと炒めてイイダコを調味料ごと加えてさっと炒める。豚肉を戻し入れてごま油を加え、全体をまぜる。

4 えごまやサンチュに3をのせ、レモンマヨソースをつけて包んで食べる。

(シメごはん)

091 ポックンパ

韓国では、チュクミのシメの定番は焼き飯。
イイダコと豚の脂、とびっこの旨みが凝縮！

Memo
残った汁をごはんとまぜながら炒め、韓国のりをたっぷりまぜて。ごはんを鉄板に広げて平らにならし、仕上げにとびっこを表面をなでるように広げて。極上の味！

材料〔2〜3人分〕
チュクミサムギョプサルの汁 … フライパンに残った分だけ
温かいごはん … 300g(茶碗2杯分)
ちぎった韓国のり(フレークタイプでも) … 適量
とびっこ … 50g程度
＊とびっこがなくても、そのままでも十分おいしい。ピザ用チーズ適量をまぜても◎。

作り方

1 チュクミサムギョプサルの汁をフライパンに入れ、中火にかける。熱くなったらごはんを加えてさっとまぜ、のりを加えてさらにまぜる。平たく広げてとびっこをのせ、全体にならす。

062

ウーロン茶で煮ると脂感がさっぱり。
しっとりと仕上げるコツは、調味料で煮ないこと！

ウーロン煮豚のスパイスじょうゆ漬け

Memo
たれで煮込まず、ウーロン茶のみで煮るのがおいしさの秘訣。八角やクローブ、シナモンを加えた絶品のたれに漬け込み、しっとりと上品なおいしさに。

材料〔作りやすい分量〕
豚肩ロース肉（ブロック）… 400g
ウーロン茶（茶葉でいれたもの。ペットボトルのものでもOK）… 1ℓ
A │ しょうゆ … 20㎖
　│ 砂糖 … 大さじ1.5
　│ 酒、みりん … 各50㎖
　│ 八角 … 1個
　│ クローブ … 4〜5粒
　│ シナモンスティック … 2cm
ゆで卵 … 2個

作り方
1 鍋に豚肉とウーロン茶を入れ、火にかける。沸いたら弱火にし（煮立たない程度）、45分ほど煮る。途中、煮汁が減り、肉がゆで汁から出てくるようなら水を足す。
2 別の小鍋でAを煮立てて冷ましておく。
3 Aを保存袋に入れ、ゆで上がった1の湯をきり、ゆで卵とともに加える。空気を抜いて、口を閉じ、一晩冷蔵庫でなじませる。
〔ここまで準備〕
4 食べやすく切り、器に盛る。

Spice

八角
一気に本格的な台湾の味に。苦手な人はなしでもOK。

クローブ
甘辛なたれに、ちょっぴりスパイシー感をプラス。

シナモンスティック
クローブのスパイシーさとは別の、甘くスパイシーな風味を加えます。

063

イタリアの代表的トマト煮込み。好みのハーブを入れて。バターライス、パスタ、パンどれも合う

鶏肉のカチャトーラ

Memo
ローリエは洋風煮込みに欠かせないドライハーブ。フレッシュハーブのタイムは、ローズマリーなどほかのハーブにしてもOK。

材料〔2〜3人分〕
鶏もも肉 … 大1枚（300g）
玉ねぎ … 1個
にんにく … 1かけ
じゃがいも … 大1個（200g）
トマト … 2個（300g）
タイム … 2枝
ローリエ … 1枚
塩 … 小さじ½+小さじ½
粗びき黒こしょう … 適量
酢 … 大さじ1
オリーブオイル … 大さじ2

作り方
1 鶏肉は余分な脂をとり、4等分に切って塩小さじ½、こしょう少々をすり込む。玉ねぎは薄切りに、にんにくは横に薄切りにする。じゃがいもは7mm厚さ程度の半月切りまたはいちょう切りにする。トマトはざく切りにする。
2 鍋にオリーブオイルを中火で熱し、鶏肉の皮目を下にして並べる。焼き色がつくまで触らず焼き、裏返してさっと焼く。にんにくを加え、香りが立つまで炒め、玉ねぎとじゃがいもを加えてさっと炒める。トマト、塩小さじ½、酢、水大さじ2、タイム、ローリエを入れて蓋をし、弱めの中火で10分ほど煮る。
3 蓋をとり、強めの中火にして時々まぜながら煮汁がとろっとするまで2〜3分煮る。
〔ここまで準備〕

PART 3 ──── 組み合わせ自在 選べるメニュー

シメ麺

064
酔っ払いの
ジェノベーゼパスタ

065
ボブン風
ビーフン

PART 3 — 組み合わせ自在 選べるメニュー

シメ麺　楽しかった宴のシメにぴったりののど越しのよい麺料理。
ちょっとおなかがいっぱいでもつい箸が進んでしまいます。

064

ジェノベーゼソースを作る必要なし！
材料をまぜるだけでお口の中はジェノベーゼ

酔っ払いのジェノベーゼパスタ

Memo
仕込みは、松の実のローストと、ジェノベーゼソースの材料をまぜること。当日はパスタをゆでてあえるだけ！酔っぱらっても作れます！

材料〔2〜3人分〕
- パスタ（スパゲッティーニ）… 150g
- 塩 … 15g（パスタのお湯用）
- にんにく（すりおろし）… 少々
- バジルの葉 … 15〜20枚
- パルミジャーノ・レッジャーノ
（すりおろし、または粉チーズ）… 15g
- 松の実 … 25g
- オリーブオイル … 大さじ1.5

作り方

1. オーブントースターの天板にアルミホイルを敷き、松の実を広げる。薄く焼き色がつくまで3〜5分焼く（フライパンでから炒りしても）。
2. ボウルににんにく、ちぎったバジルの葉、パルミジャーノ・レッジャーノ、オリーブオイルを入れてまぜ合わせる。

▷ここまで準備◁

3. 鍋に2ℓの湯を沸かし、塩を入れ、パスタを袋の表示通りにゆでる。湯をしっかりきり、2に加えてまぜ、器に盛り、松の実を散らす。

065 | フランス発のベトナム風料理
「ボブン」を豚肉とビーフンで再現！

ボブン風ビーフン

Memo
ブンボー（BunBo）と呼ばれるベトナム料理で、ブンは細めの米麺。これをフランス版にアレンジしたのが「ボブン」。たっぷり野菜とゆで肉でさっぱりと。

材料〔2〜3人分〕
豚もも肉（しゃぶしゃぶ用）… 100g
ビーフン … 100g
もやし … ½袋（100g）
きゅうり … ½本
紫玉ねぎ … ⅙個（30g）
パクチー、バジル … 好みの量
【ソース】
　ナンプラー … 大さじ2
　砂糖 … 大さじ2
　レモン汁 … 大さじ2
　カイエンヌペッパー（または一味唐辛子）
　　… 好みの辛さに

作り方

1. きゅうりは細切りにする。紫玉ねぎは極薄切りにし、水に5分ほどさらしてキッチンペーパーで包み、水気をしぼっておく。鍋に湯を沸かし、ビーフンを袋の表示通りにゆでてとり出す。同じ湯でもやしをさっとゆでてとり出す。最後に豚肉をゆでて湯をきり、広げて冷ます。

> ここまで準備

2. ボウルにソースの材料を入れ、ビーフンを加えてまぜ合わせる。
3. 器に2、野菜、豚肉を盛りつけ、パクチーとバジルをのせる。よくまぜて食べる。
　＊刻んだピーナッツを散らしても。

PART 3 ── 組み合わせ自在 選べるメニュー

シメ麺

090

ミント、にら、ごま油の香りと、
オイスターソースの旨みで箸が止まらない！

にらミントあえ麺

Memo
パーティーの日は洗い物が多いもの。ボウルの代わりに、食卓に出せる器にすべてを入れてまぜ、そのままテーブルに出してもOK。

材料〔2～3人分〕

- 豚ひき肉 … 100g
- オイスターソース … 大さじ1.5
- しょうゆ … 大さじ½
- 生中華麺 … 2玉
- にら … 100g（1束）
- ミントの葉 … 10～15枚
- ごま油 … 小さじ1＋大さじ½

作り方

1 にらは小口切りに、ミントの葉は細かく刻む。
2 フライパンにごま油小さじ1をひき、中火にかける。温まったらひき肉を入れ、パラリとなるまで炒める。水100㎖、オイスターソース、しょうゆを加え、ひと煮立ちしたら火を止める。

▶ ここまで準備 ▶

3 鍋に湯を沸かし、袋の表示通りに麺をゆでる。湯をしっかりきってボウルに入れ、1、2、ごま油大さじ½を加えてあえ、器に盛る。

シメ飯

やっぱりごはんがないとしまりません。土鍋や鋳物ホーロー鍋、電子レンジで作る、簡単でおいしいシメのごはん。

067 牡蠣とねぎみその鍋炊きごはん

プリップリの牡蠣とねぎみそのコクの相性がたまらない！

Memo
米の浸水、ねぎを切る、牡蠣を煮汁で煮て、身と汁を分けるところまでを事前に。現場では炊くだけにするとラク。土鍋でも炊飯器でもOK。

材料〔4人分〕
- 米 … 2合
- 牡蠣 … 250g
- みそ … 大さじ2
- しょうゆ … 小さじ1程度
- ねぎ … ½本

作り方

1. 米は洗って水2カップにつけ、30分ほどおく。
2. ボウルに牡蠣を入れ、片栗粉小さじ2（分量外）と少量の水を加えて片栗粉と水をからめるようにまぜる（しばらくまぜると水分がグレーになる）。水でゆすぎ、ザルで水気をきる。ねぎは小口切りにする。
3. 鍋に水150ml、みそ、しょうゆを入れてよくまぜ、みそを溶かす。中火にかけ、沸々してきたら牡蠣を入れ、牡蠣に火が通るまで（ぷっくり膨らんで弾力が出るまで）加熱し、ザルにあげて煮汁と牡蠣に分ける。煮汁に水を足して360ml用意する。

[ここまで準備]

4. 1の米をザルにあげ、水気をしっかりきり、土鍋に入れる。用意した3の煮汁とねぎを入れ、炊飯する（鍋の場合、中火にかけて沸いたら弱火にし、10分加熱する。火を止めて10分蒸らす。炊飯器の場合は、水気をきった米と煮汁を入れ、2合の目盛りまで水を加えてざっとまぜ、ねぎを加えて普通モードで炊飯する）。
5. 炊き上がったら牡蠣をのせ、全体をまぜる。

シメ飯

090 さわらと三つ葉のピラフ

バターの香りと和食材がたまらない相性。
西京漬けや一尾魚を使ってもおいしい

Memo
ピラフを炊く際、フライパンを使用する場合は、ガラスなどの蓋がぴっちりできるものを使用すること。炊飯器を使用する場合は、炒めた米、塩、水を入れ、焼いたさわらをのせて炊飯。

材料〔4人分〕

- 米 … 2合
- さわら（切り身）… 2切れ（200g）
- 塩 … 小さじ½＋小さじ⅔
- 三つ葉 … 1袋
- バター … 15g
- オリーブオイル … 大さじ½
- 粗びき黒こしょう … 少々

作り方

1. 米は洗ってザルにあげ、水気をきり、パラリとなるまで水分を飛ばす。さわらに塩小さじ½を全体にすり込み、10分ほどおく。さっと水で表面を流し、キッチンペーパーで押さえて水分をとっておく。三つ葉は2cm幅に切る。

2. フライパンにオリーブオイルを入れ、中火にかける。しっかり熱くなったら、さわらの皮目を下にして並べ、そのまま触らず皮に軽く焼き色がつくまで2分ほど焼く。裏返してさっと焼き、とり出しておく。

　［ここまで準備］

3. 鍋またはフライパン（2のフライパンを使用するときは洗ってふいて使うこと）にバターを入れ、中火にかける。バターが溶けて泡立ってきたら米を入れ、焦がさないように30秒ほど米を炒める。水360mℓ、塩小さじ⅔を入れてざっとまぜ、2のさわらの皮目を上にしてのせ、蓋をする。煮立ってきたら弱火にし、10分加熱する。火を止め、10分蒸らす。蓋をとり、三つ葉を加えて全体をほぐす。好みでこしょうを振る。

シメ飯

690 最も簡単なビリヤニ

ビリヤニがレンチンで!?
研究の末、辿り着いた神レシピ

Memo
バスマティライス以外の米では同様に仕上がらないので注意。輸入食材店または通販で購入可能。電子レンジ調理なので、分量は変えずに作ることをおすすめします。

材料〔4人分〕

- 鶏もも肉 … 200g
- 玉ねぎ … ¼個
- ひよこ豆（水煮またはドライパック）… 50g
- A
  - しょうが（すりおろし）… 大さじ½
  - にんにく（すりおろし）… 小さじ1
  - ターメリック、コリアンダー、クミン、各パウダー … 各小さじ½
  - カレー粉 … 小さじ1
  - 塩 … 小さじ½
- トマト缶（カット）… 80g
- プレーンヨーグルト … 大さじ2
- バスマティライス … 150g
- 塩 … 小さじ½
- バター … 15g
- レモン（くし形切り）、紫キャベツ … 各適量

作り方

1. 玉ねぎは薄切りにする。鶏肉は2cm角に切る。
2. ボウルに1、Aを合わせ、トマトとヨーグルトを加えてさっとあえる。

〈ここまで準備〉

3. 耐熱ボウルにバスマティライス、水200㎖を入れて20分ほど浸水させる。塩を加えてまぜ、バターとひよこ豆を加え、2を広げてのせる。すきまを少しあけてラップをし、電子レンジ（600W）で15分加熱する。
4. とり出してラップをぴっちりかける。ラップをしたまま大きめの皿をかぶせて上下を返し（やけどに注意）、10分ほど蒸らす。再度上下を返してラップをはがし、全体をまぜ合わせる。
5. 器に盛り、レモンと紫キャベツを添える。好みで玉ねぎ、パクチーなどを添えても。

[シーン別]

料理の組み合わせコーデ

この本の料理は、組み合わせ方自在なので、献立が無限大。
和洋中にとらわれなくても味のマリアージュを
楽しむことができますし、何品にしてもOK。
シーンごとに、自由に料理の組み合わせを楽しんで。

2品で平日おもてなし

（作るのは2品でも！）

準備に時間をかけられない平日のおもてなしだって、焦りません。例えばちゃんと作るお料理は、2品だっていいんです。無理をしないがお約束。まずは買ってきたチーズやフルーツ、パンなどを盛りつけて、乾杯！ 友達との会話を楽しみながら、サッと焼くだけのタリアータと、あえるだけのパスタ（ソースをあらかじめ作っておかなくてもいいもの）なんかもおすすめです。2品でも3品でも、自分の時間や余力に合わせて、あとは買ってきたものにも頼りましょう。

[menu]

● 買ってきたチーズ、フルーツ、パン
047　タリアータ ……… p68
064　酔っ払いのジェノベーゼパスタ ……… p92

酔っ払いのジェノベーゼパスタ

タリアータ

買ってきたチーズ、
フルーツ、パン

牡蠣のジューシー春巻き

なす×バジル炒め

えびときゅうりの花椒炒め

にらミントあえ麺

中華×ワインの日

ワインに合う中華のポイントは、スパイスやハーブ使い。花椒やバジル、ミントたっぷりの、香りが新しい料理を並べて。春巻きは揚げたてを。ほかに、041しっとりよだれ鶏、045えびとパクチーのぷりぷり水餃子、049ぶりの照り焼き五香粉風味、053さばの竜田揚げ花椒まぶし、062ウーロン煮豚のスパイスじょうゆ漬けなどもおすすめ。

[menu]

010　なす×バジル炒め ──── p17
011　えびときゅうりの花椒炒め ──── p17
052　牡蠣のジューシー春巻き ──── p73
066　にらミントあえ麺 ──── p96

洋食気分の日

貝を蒸す以外、作っておけるものばかり。ほかに、005ぶり×ナッツのバルサミコカルパッチョ、008熱々白菜ステーキ×ブルーチーズソース、030紫キャベツのコールスロー、031フルーツカプレーゼ、042-043エチュベ、047タリアータ、055サーモンきのこパイ、058アクアパッツァ、059ミートボールのトマト煮、063鶏肉のカチャトーラも◎。

[menu]

006 白身魚×キウイ セビッチェ ……… p14
044 いろいろ貝のワイン蒸し ……… p61
057 白いストロガノフ ……… p81
・チーズプレート／カンパーニュ

こんなテーマのホムパも

エスニック

ハーブ、ナンプラー、青唐辛子、ライムなどを使った酸味、辛味、甘味、塩味が複雑に絡み合う。010なす×バジル炒め、012チキンとカリフラワーのサブジなども◎。

[menu]

- 006　白身魚×キウイ セビッチェ……… p14
- 038　豚しゃぶのヤムウンセン……… p56
- 045　えびとパクチーのぷりぷり水餃子……… p64
  　　＊エスニックなたれに替えてもgood
- 065　ボブン風ビーフン……… p93

白身魚×キウイ セビッチェ

豚しゃぶのヤムウンセン

えびとパクチーのぷりぷり水餃子

ボブン風ビーフン

スパイスまみれの会

和・中のスパイスも◎。009さば缶×クリチ黒七味ディップ、011えびときゅうりの花椒炒め、022チリビーンズ、024ワカモレ、039かつおの生春巻きこしょうまみれなども合う。

[menu]

- 012　チキンとカリフラワーのサブジ……… p20
- 050　ラムのクミン炒め……… p72
- 051　サモサ風ポテトとひき肉のクミン春巻き……… p72
- 069　最も簡単なビリヤニ……… p99

チキンとカリフラワーのサブジ

ラムのクミン炒め

サモサ風ポテトとひき肉の春巻き

最も簡単なビリヤニ

和モダンの日

意外性のある組み合わせこそマリアージュを生むもの。Part1はどれを合わせてもモダンなテーブルに。039かつおの生春巻きこしょうまみれ、043ねぎのエチュベなども◎。

[menu]

- 001　塩バター×羊羹 タルティーヌ……… p12
- 002　バター×からすみ タルティーヌ……… p12
- 007　いちご× 白あえ……… p14
- 008　熱々白菜ステーキ
  　　　×ブルーチーズソース……… p16
- 053　さばの竜田揚げ花椒まぶし……… p73
- 068　さわらと三つ葉のピラフ……… p98

塩バター×羊羹 タルティーヌ　　バター×からすみ タルティーヌ

いちご× 白あえ

熱々白菜ステーキ
×ブルーチーズソース

さばの竜田揚げ花椒まぶし

さわらと三つ葉のピラフ

日本酒を開ける会

大皿に豆皿を組み合わせたスタイリングも一考に。酒に合う濃厚で甘めのおつまみをちょこちょこつまめるのがうれしい。例えば、044 いろいろ貝のワイン蒸しのワインを酒に替える、031 フルーツカプレーゼにいちじくや柿を使うなど、調理にアレンジを加えても、幅が広がります。チーズを使った料理も、日本酒との相性がぴったり。

[menu]

- 004　ベーコン×干し柿 ピンチョス ……… p13
- 009　さば缶×クリームチーズ 黒七味ディップ ……… p16
- 015　焼きいも×ギリシャヨーグルト 粒マスタードサラダ ……… p21
- 067　牡蠣とねぎみその鍋炊きごはん ……… p97
- ・生野菜（かぶ、きゅうり、チコリなど）

二次会でちょい宅飲み

二次会しちゃう？　と盛り上がった、急な来客なら簡単に。ナッツやポテトチップスがあると安心です。常備食材で作れるバター×羊羹・からすみ、韓国のり×モッツァレラは喜ばれること間違いなし。フルーツやチーズもあると最高。ほかに、004ベーコン×干し柿ピンチョス、014コチュウフマヨ、031フルーツカプレーゼなども手軽。

[menu]

001　塩バター×羊羹 タルティーヌ ……… p12
002　バター×からすみ タルティーヌ ……… p12
003　韓国のり×モッツァレラ
　　　オリーブオイルあえ ……… p13
・ミックスナッツ／ポテトチップス／いちご

107

クリスマステーブル

年末の一大イベント。クリスマスに限らず、お正月やお誕生日も、オーナメントや飾りをテーブルに入れて、メニューや器をそれらしく考えると、喜ばれます。ほかに、047タリアータ、055サーモンきのこパイ、057白いストロガノフ、058アクアパッツァ、063鶏肉のカチャトーラなどをメインに組み立てるのも、クリスマスにおすすめ。

[menu]

- 005 ぶり×ナッツのバルサミコカルパッチョ ……… p14
- 031 フルーツカプレーゼ ……… p45
  ＊桃の代わりに、ぶどう（2色）200gを半分に切って使用
- 042 かぶのエチュベ ……… p60
- 054 ローストチキン 根菜スタッフ ……… p76
- ・カンパーニュ

ローストチキン
根菜スタッフ

フルーツカプレーゼ

ぶり×ナッツの
バルサミコカルパッチョ

かぶのエチュベ

Practical version

［実践編］
おもてなしのコツ

これさえあれば！ フルーツ＆チーズ
準備が十分できていなくても、フルーツ、パンやチーズがあれば何とかなります。まずは皿やプレートに盛り合わせてお出迎え。

買ったものに頼るのもあり
平日や時間がない日は、デパ地下のサラダなどを買ってくるのもあり。それ以外のものを作るように献立を組むと気持ちがラク。

鍋ごと出せる煮込みで豪華に
案外ラクな煮込み。お気に入りの鍋で作れば、そのままテーブルへ！ 見栄えもするし、温かいまま取り分けることもできます。

パッケージのかわいいお菓子
二次会で急な来客や、ちょっと飲み足りないときに。パッケージのかわいい海外ものを選ぶと、パーティー感アップ。

より具体的なおもてなしのコツがわかると、
臨機応変なおもてなしが身につくはず。

ゲストが来るまでに直前まで調理

カジュアルホムパの最大のポイントは、ゲストと一緒に楽しむこと！料理の仕込みは余裕を持って終わらせておきましょう。

グラスとカトラリーは多めに置く

飲み物や料理を変えるたびに、グラスとカトラリーを出さずに済み、料理の取り箸にも使ってもらえるので、多めにあれば便利。

イベント感を演出する飾りも

季節のお花やオーナメントなどの飾りつけがあると、華やかさやイベント感が増して楽しいテーブルに。写真映えもします。

大皿料理でどんと

大皿料理で銘々に取り分けてもらうスタイルがカジュアルでラク。豪華に見える大皿があると◎。小さめの皿なら2か所に出しても。

上田淳子（うえだ じゅんこ）

料理研究家。辻学園調理技術専門学校で西洋料理・製菓・製パン技術を習得。卒業後、同校の西洋料理研究職員を経て渡欧。スイスやフランスのレストランなどで約3年間料理修業を積む。帰国後、シェフパティシエを経て料理研究家として独立。自宅で料理教室を主宰するほか、雑誌やテレビ、広告などで活躍。家庭でも作りやすいフレンチに定評がある。著書に『フランス人は、気軽なひと皿で食事を愉しむ。』（誠文堂新光社）、『作って仕込んでパパッと完了！ずっとラクするごはんのしくみ（実用No.1シリーズ）』（主婦の友社）など多数。ポッドキャストにて「料理たのしくなる相談室」を配信中。

Instagram @ju.cook

簡単（かんたん）なのに、新（あたら）しい。集（あつ）まりたくなる

カジュアルホムパ

2024年11月30日 初版第1刷発行

著 者　上田淳子（うえだじゅんこ）
発行者　三宅貴久
発行所　株式会社　光文社
　　　　〒112-8011 東京都文京区音羽1-16-6
　　　　電話　編集部03-5395-8172
　　　　　　　書籍販売部03-5395-8116
　　　　　　　制作部03-5395-8125
メール　non@kobunsha.com
落丁本・乱丁本は制作部へご連絡くだされば、お取り替えいたします。

組　版　堀内印刷　　　　　撮影／原ヒデトシ
印刷所　堀内印刷　　　　　スタイリング／遠藤文香
製本所　ナショナル製本　　取材・文／丸山みき（SORA企画）
　　　　　　　　　　　　　デザイン／高橋 良（chorus）
　　　　　　　　　　　　　編集／中野桜子
　　　　　　　　　　　　　編集デスク／樋口 健、北川編子（光文社）

Ⓡ＜日本複製権センター委託出版物＞
本書の無断複写複製（コピー）は著作権法上での例外を除き禁じられています。本書をコピーされる場合は、そのつど事前に、日本複製権センター（☎03-6809-1281、e-mail： jrrc_info@jrrc.or.jp）の許諾を得てください。
本書の電子化は私的使用に限り、著作権法上認められています。ただし代行業者等の第三者による電子データ化及び電子書籍化は、いかなる場合も認められておりません。

©Junko Ueda 2024 Printed in Japan
ISBN978-4-334-10482-5